现代高校体育健康理论与体育保健的科学研究

李德昌◎著

北京工业大学出版社

图书在版编目（CIP）数据

现代高校体育健康理论与体育保健的科学研究 / 李德昌著. —北京：北京工业大学出版社，2025.7重印
ISBN 978-7-5639-6413-0

Ⅰ. ①现… Ⅱ. ①李… Ⅲ. ①体育教学—教学研究—高等学校②健康教育—教学研究—高等学校 Ⅳ. ①G807.4②G647.9

中国版本图书馆 CIP 数据核字（2018）第 204488 号

现代高校体育健康理论与体育保健的科学研究

著　　者：李德昌
责任编辑：申路好
封面设计：王　斌
出版发行：北京工业大学出版社
　　　　　（北京市朝阳区平乐园 100 号　邮编：100124）
　　　　　010-67391722（传真）　bgdcbs@sina.com
经销单位：全国各地新华书店
承印单位：三河市元兴印务有限公司
开　　本：787 毫米×960 毫米　1/16
印　　张：12.25
字　　数：219 千字
版　　次：2021 年 10 月第 1 版
印　　次：2025 年 7 月第 4 次印刷
标准书号：ISBN 978-7-5639-6413-0
定　　价：48.00 元

版权所有　翻印必究
（如发现印装质量问题，请寄本社发行部调换 010-67391106）

前　言

随着现代社会的进步和科技、经济的发展，人们生活水平越来越好，高校学生的生活水平有了较大的改善，生活方式也逐渐改变。但高校学生在充分享受现代生活便利的同时，也出现了一些新的问题，如生活压力、学习压力、就业压力等都很大，身体素质下降等，这些问题严重危害着高校学生的身心健康。

体育课程是学校课程体系的重要组成部分，属于高等学校体育工作的中心环节，体育课程是促进身心和谐发展，促进身体活动的有机教育过程，是实施素质教育和培养全面发展的人才的重要途径。为了加强高校学生体育健康理论与体育保健的科学研究，作者撰写了本书。

本书共分为五章，第一章主要围绕高校体育与健康进行大致阐述，内容包括高校体育课程目标、高校体育课程设置与课程结构、《国家学生体质健康标准》大学生测试项目；第二章对高校体育与健康做出了具体探讨，内容包括体育与健康概述、高校体育、高校的体育健康行为；第三章侧重分析了大学生体育锻炼与健康，内容包括大学生体育锻炼与心理健康、大学生体育锻炼的营养补充、大学生体育锻炼的卫生保健；第四章主要讲述大学生的身体锻炼与方法，内容包括大学生的体育锻炼、大学生身体锻炼的常用方法、运动处方；第五章作为本书的最后一章，对体育保健与传统体育保健的方法予以深入探讨，内容包括现代体育保健的科学基础、体育运动与保健的基本理论与方法、传统体育养生保健方法。

本书内容翔实，逻辑清晰，与时俱进，理论性较强，力图深入浅出地对现代高校体育健康理论与体育保健的科学研究进行论述，以激发读者的阅读兴趣，开阔读者的学习思维。

本书在撰写过程中参考了大量的文献资料与学术著作，在此一一表示感谢。但限于作者水平，书中难免存在不足之处，恳请广大读者给予批评与指正。

目 录

第一章　高校体育课程概述 …………………………………………………… 1
第一节　高校体育课程目标 ………………………………………………… 1
第二节　高校体育课程设置与课程结构 …………………………………… 3
第三节　《国家学生体质健康标准》大学生测试项目 …………………… 4

第二章　高校体育与健康 ……………………………………………………… 14
第一节　体育与健康概述 …………………………………………………… 14
第二节　高校体育 …………………………………………………………… 21
第三节　高校学生的体育健康行为 ………………………………………… 28

第三章　大学生体育锻炼与健康 ……………………………………………… 41
第一节　大学生体育锻炼与心理健康 ……………………………………… 41
第二节　大学生体育锻炼的营养补充 ……………………………………… 59
第三节　大学生体育锻炼的卫生保健 ……………………………………… 80

第四章　大学生的身体锻炼方法 ……………………………………………… 87
第一节　大学生的身体锻炼 ………………………………………………… 87
第二节　大学生身体锻炼的常用方法 ……………………………………… 96
第三节　运动处方 …………………………………………………………… 131

第五章　体育保健与传统体育保健的方法 …………………………………… 138
第一节　现代体育保健的科学基础 ………………………………………… 138
第二节　体育运动与保健的基本理论与方法 ……………………………… 153
第三节　传统体育养生保健方法 …………………………………………… 168

后记 ……………………………………………………………………………… 187

参考文献 ………………………………………………………………………… 188

第一章 高校体育课程概述

高校体育课程是为大学生开设的一门必修课，它可以督促大学生在一定的时间里锻炼身体，通过这种体育锻炼方式，让大学生的身体素质得到提升。除此之外，还能够让大学生感受到体育的魅力，并且喜欢上这门学科，爱上运动，保持身体健康。

体育课程的开设，不仅能够提高身体素质，还能够让大学生身心得到和谐发展，并且将其他各科的学习方法巧妙地结合在其中，让体育和其他文化学科得到交流。因此，体育课程的开设，是社会人才全面发展的必要条件。

第一节 高校体育课程目标

高校体育课程目标在教育部教体艺中已经明确指出基本目标和发展目标，其中在2002年颁布的《全国普通高等学校体育课程教学指导纲要》已经提出五个领域基本目标和发展目标。本节内容将主要针对基本目标和发展目标的五个领域进行简要分析。

一、基本目标

基本目标是从普遍大学生的身体素质出发，由五个目标共同组成，分别为社会适应、心理健康、身体健康、运动技能和运动参与等目标。

（一）社会适应目标

社会适应目标可以帮助高校学生正确处理竞争与合作二者之间的关系，同时还会表现出良好的合作精神和体育道德精神。

（二）心理健康目标

心理健康目标不仅可帮助高校学生在运动中体验成功的感觉和运动的

乐趣，还会让他们自觉的根据课程设置来实现自己的体育目标。通过体育活动还有助于改善心理情绪，帮助他们有效克服心理障碍，选用适宜的方法方式帮助他们调节自己的情绪，在调节过程中逐渐养成一种乐观的生活态度。

（三）身体健康目标

首先，身体健康目标可以帮助高校学生拥有一个健康的体魄，对于现阶段高校学生来说身体素质不太理想，因此通过全面发展体能训练，提高身体素质，可以有效帮助他们掌握良好的身体状况，养成良好的学习行为。其次，通过掌握体能知识和方法，可以进行合理有效的身体锻炼和选择人体所需的营养食品，形成一种健康的生活方式。

（四）运动技能目标

运动技能目标可以帮助高校学生在进行体育锻炼时有一个科学的方法，对于掌握两项以上运动健身的技能和基本方法的学生来说，不仅可以提高他们的运动能力，还可以在遇见运动创伤时进行科学的处置。

（五）运动参与目标

运动参与目标对于高校来说不仅可以锻炼个体身体素质，还可以形成一种锻炼氛围，积极参与各种体育活动并逐步形成一种自觉锻炼的习惯，可以有效形成终身体育意识。

二、发展目标

（一）社会适应目标

对于现阶段的高校学生来说社会适应目标不仅可以帮助他们主动关心社区体育事务，还可以让他们形成一种积极参与社区体育事务的意识，对这种良好习惯的养成也是非常有帮助的。

（二）心理健康目标

心理健康目标让高校学生在挑战顽强性运动时可以展现出他们顽强的意志，同时还可以增强他们的意志品质。

（三）运动参与目标

运动参与目标是一种很好的体育锻炼目标。对于普遍学生来说，很多体育项目都只是重在参与，因为通过这种参与，可以使参与者得到放松，用一种良好的心态完成一项体育运动，让体育锻炼形成一种良好的习惯，让体育文化和观赏水平得到提升。

（四）身体健康目标

身体健康目标对于练就强健的体魄，提高自身科学锻炼的能力，全面发展体能，都是非常有益的。

（五）运动技能目标

运动技能目标可以让一些学生展现出运动才能，对于一些具有挑战性的活动和竞赛项目不仅可以帮助学生提升运动技术，还可以让他们通过积极锻炼，来达到运动员级别的水平。

第二节 高校体育课程设置与课程结构

《全国普通高等学校体育课程教学指导纲要》对高校体育课程的设置与课程结构有明确规定。

一、高校体育课程设置

根据规定普通高校的一、二年级在体育课程设置中必须要满足四个学期一百四十四的学时，这也是获得学位和学生毕业的基本要求之一，对于三年级以上的学生包括研究生开设的体育课在普通高校中为选修课。

二、高校体育课程结构

就目前高校而言，体育课程往往是由理论课和实地课所组成，实地体育课又由校内体育课和校外体育课构成。这样一来，高校体育课开始踏入社会。除了课上锻炼，很多学生还会在课余时间自发地进行体育锻炼，这样不仅可以提高学生个人的身体素质，还可以给体育这门课程增添风采，让更多的学生加入进来。

一般，学校教育是根据文化成绩分配班级，这样局限了体育教学的发展。所以，各个高校可以用文化成绩分班的方式，分配学生的体育课程班级，让学生的体育兴趣和技能得到更好地发展。很多人都认为，体育只是室外的一种锻炼，但是高校的体育课程会结合理论课，安排10%的理论课程（每学期约4个学时），让体育课程得到更好的发展，也让学生了解到更多的体育历史、文化背景和优点。

高校体育课程应该是自由的，学生才是课程中的主角，老师只是作为一个引导者。高校体育课程体现在学生自身，学生可以自由选择喜欢的体育运动和体育教师，还可以自由选择上课的内容以及场地。只有这样，才会让体育这门学科，拥有一种自主的学习状态。

高校体育课程应该将校运动队及少数有运动特长的学生进行专项运动训练，加入体育课程中。对于一些特殊的学生，应该给予一些特殊照顾，如对部分身体残疾以及高龄的学生，应当开设以康复和保健为主的特别体育课程。

第三节 《国家学生体质健康标准》大学生测试项目

教育部、国家体育总局教体艺〔2007〕8号文件正式颁布了《国家学生体质健康标准》及《国家学生体质健康标准》实施办法，这是教育部、国家体育总局积极贯彻中共中央、国务院"关于加强青少年体育增强青少年体质的意见"，全面推行"全国亿万学生阳光体育运动"，落实胡锦涛同志主持政治局会议"研究加强青少年体育工作和网络文化建设工作"精神的一项重要举措，是"学校教育要树立'健康第一'的指导思想，切实加强学校体育工作"的具体措施。

《国家学生体质健康标准》是从身体形态、身体机能、身体素质等方面综合评定学生的体质健康状况的评价体系。

《国家学生体质健康标准》适用于全日制小学、初级中学、普通高中、中等职业学校和普通高等学校的在校学生。《国家学生体质健康标准》按百分制计分。测试项目包括身高、体重、肺活量、握力、坐位体前屈、立定跳远、仰卧起坐、台阶试验、50米跑、50米×8往返跑、800米跑、1000米跑等22个项目。按学生的年级组别有不同的必测和选测项目，根据测试结果给出评分和评价等级。

一、《国家学生体质健康标准》大学生测试项目及测试方法

(一) 50 米跑

1. 测试方法

参与测试的学生至少由两人一组。起跑姿势为站立,发令员发出"跑"的口令后,学生才可以起跑。发令员手中拿着发令旗,在发出口令的同时摆动发令旗。当计时员看到摆动的发令旗时,开始计时。参与测试的学生以躯干部到达终点线的垂直面为标准,计时员停止计时。成绩以秒为单位,并且应精到小数点后 1 位,小数点后的第二位数,按非零进 1 原则进位,比如 10.11 秒,一般记录为 10.2 秒。

2. 测试目的

主要是为了测试学生的整体速度、身体的灵敏度以及整个神经系统灵活性的发展水平。

(二) 800 米或 1000 米跑

1. 测试方法

参与测试的学生至少由两个人一组。起跑姿势为站立,发令员发出"跑"的口令后,学生开始起跑。发令员手中拿着发令旗,在发出口令的同时摆动发令旗。当计时员看到摆动的发令旗时,开始计时。参与测试的学生以躯干部到达终点线的垂直面为标准,计时员停止计时。成绩以分和秒为计时单位,没有小数。

2. 测试目的

主要是为了测试学生的耐力,特别是心血管及呼吸系统的机能及肌肉耐力的发展水平。

(三) 身高

1. 测试目的

主要是为了了解学生的身体发育情况和平时营养搭配情况。根据学生

的身高和体重进行计算评估。

2. 测试方法

参与测试的学生赤足，用立正的姿势站在身高计的底板上（上身挺直，双手自然下垂，脚跟并拢，足尖分开成60°）。脚后跟、骶骨部及两肩胛区与立柱保持平行，并且可以相互接触，身体和头部自然向上挺直，耳屏的上缘与眼眶的下缘处于同一个水平面。记录人员需要站立在受试者的身旁，然后轻轻压下水平压板，让其接触学生的头顶部。记录人员读数时，应该注意减小误差，双眼要与所示数值保持水平进行读数，记录员复述后方可进行记录。以厘米为单位，最终结果应精确到小数点后1位。除此之外，测试时误差不能够超过0.5厘米。

（四）肺活量

1. 测试目的

为了测试学生的肺部是否有良好的通气功能。

2. 测试方法

首先，需要确保参与测试的学生所在房间的通风性；其次，测试时需要使用洁净干燥的一次性口嘴（如果不是一次性口嘴，需要在测试之前进行消毒、干燥）。肺活量计的主机必须保持平稳放置，测试之前，还需要检查电源接触是否良好。准备工作完成后，按下工作键，液晶屏显示"0"，机器已经开始工作，如果不是在急切的情况下，预热5分钟之后再测试，结果会更加准确。

参与测试的学生可能会紧张，应该先说明情况，让他们放松测试。一般情况下，以中等速度和力度测试出的结果更为良好。参与测试的学生正对仪器站立、手持吹气口嘴。开始之前可以试吹1至2次，看仪表是否有损坏。除此之外，还要对仪器的其他部位进行检查，确保仪器本身不漏气。测试之前要学会深吸气（不要激动地耸肩提气，应该像闻花式的慢吸气才为最佳状态）。参与测试的学生自由地进行深呼吸，再深深地吸一口气，屏住气开始呼气。整个过程不能太急切，一直到呼出最后一口气为止，切记测试开始后不能吸气。

测试结束后，液晶屏上会显示出结果，单位为毫升。进行测试的学生有三次测试机会，间隔时间为15秒，最终成绩取最高的一次记录，并且无小数。

（五）体重

1. 测试目的

根据学生测试出的体重和身高进行一种身体生长发育的评估，也是评定学生身体匀称度的一个测试项目。

2. 测试方法

在进行测试时，电子秤摆放在水平地面上，并且将指针调到"0"的位置。参与测试的学生赤足，一般情况下，男生应身穿短裤；女生应身着短裤、短袖衫，尽量减轻外界的重量，然后站立在秤台中央。读数的单位为千克，最终结果应精确到小数点后1位。记录员会复诵最终结果，减小测试误差。

（六）跳绳

1. 测试方法

一般情况下由两人一组。当一人开始测试时，另一人负责计数。参与测试的学生应该先调节绳子的长度，当记录者发出口令后再开始跳绳；参试人员应该正摇双脚跳绳，一圈一个。记录人员发出结束口令后停止跳绳，测试员报数并记录所跳个数，记录为每分钟多少次。

2. 测试目的

测试学生下肢的运动能力和整个身体的协调能力。

（七）台阶试验

1. 测试目的

测试学生在一定负荷条件下的心率变化情况，用于对学生心血管系统进行一个整体评价。

2. 测试方法

在大学生的测试中，男生一般用40厘米高的台阶，女生用35厘米高的台阶，然后在各自的台阶上做上下运动。在运动前，先测试安静状态下的脉搏，然后再做一些准备活动作为辅助。上、下台阶的频率一般是30次

/分钟,因而节拍器的节律为 120 次/分钟。参与测试的学生必须按规定的节律完成整个测试。

参与测试的学生从预备姿势开始,所做的动作有:①参与测试的学生一只脚成 90°踏在台阶上;②参与测试的学生在台阶上的腿用力,单腿站立到台阶上;③先踏上台阶的脚先落地;④恢复成预备时的姿势。按照节拍器的节律,一直运动 3 分钟,运动后保持一种休息状态,然后开始测量。总的测量为 3 次,分别为运动结束后的 1 分钟至 1 分半钟、2 分钟至 2 分半钟、3 分钟至 3 分半钟的 3 次脉搏数,得出结果后用下述公式计算,如果计算的结果有小数,对小数点后面 1 位进行四舍五入,最终结果取整数:

评定指数=踏台上、下运动的持续时间(秒)×100/2×(3 次测定脉搏的和)

(八)足球运球

1. 测试方法

参与测试的学生要站在起点线后面做准备,当听到开始的口令时,就向前运球过杆,在运球过杆的过程中不能够碰到杆。参与测试的学生和球都越过了终点后就表明测试结束。发令员在发令后就开始计时,参与测试的学生和球都返回终点线后计时结束。每人有两次的测试机会,最终成绩取最高分记录。记录成绩的单位为秒,并且是精确到小数点后 1 位。小数点后第二位数一般情况下按非零进 1 的原则来进位。

2. 测试目的

测试学生足球基本技能水平,测试年级为大学各年级。

(九)排球垫球

1. 测试方法

参与测试的学生必须要在规定的区域把球向上抛起,单人正面双手连续垫球。在测试过程中,垫球手形必须正确,击球的部位和击球的高度也要达到规定的要求,球一旦落地,测试则结束,测试的结果是按垫球的次数记录。对参与测试的学生垫球高度有一定要求,大学男生为 2.43 米,女生为 2.24 米。每个学生有两次测试机会,最终成绩取最好的一次记录,成绩单位为次。

通过测试,让老师了解学生各项技能的基本水平。

（十）篮球运球

1. 测试方法

参与测试的学生在起点线后方持球站立，当发令员发出口令后，他们需要按照规定路线单手运球过杆，高中学生和大学生的测试方式相同，每次过杆时都必须换手运球。从发令员发令后计时开始，参与测试的学生回到终点线结束测试。每个人有两次测试机会，成绩取最高的一次记录，最终成绩应精确到小数点后1位，小数点后第2位数，按非零进1原则进位。

2. 测试目的

测试学生体能素质和对篮球基本技术水平的掌握，一般测试对象为大学各年级学生。

（十一）立定跳远

1. 测试方法

参与测试的学生两脚稍稍分开，站在起跳线后方，规定脚尖不能踩线或越线。开始测试时，双脚一起平跳，不能垫步也不能连跳。量取的成绩是起跳线后缘至最近着地点后的垂直距离。每个人有三次机会，最终成绩取最高次记录，记录成绩的单位为厘米，只取整数。

2. 测试目的

测试学生的下肢整体力量和身体协调能力的发展水平。

（十二）仰卧起坐

1. 测试方法

参与测试的学生在垫子上做仰卧姿势，两腿相隔一定距离，屈膝呈90°，双手食指交叉放于脑后，需要同伴帮助压住其踝关节，这样可以固定下肢，参与测试的学生能够借助这个力量起身，起身时肘关节触及或超过双膝记为一次。仰卧时，背部必须平整地躺在垫子上。测试人员发出"开始"的口令时，表示计时开始，然后记录一分钟之内完成的个数。最终成绩精确到个位。

2. 测试目的

测试学生腹部力量。

（十三）掷实心球

1. 测试方法

在测试准备阶段，参与测试的学生应该站在起掷线后，双脚保持稳定，需要分开一定距离，身体正对实心球的投掷方向，然后双手托住球至头上方，并且头部需要有一些后仰。准备完毕后，将球用力抛出。如果站立姿势是两脚前后分开投掷，那么在球抛出的同时，位于后面的脚可以向前迈一步，但是不可以踩线或越线。每个人有三次机会，最终成绩取最高次记录。记录成绩的单位为米，结果保留1位小数。量取起掷线的后缘至球最终着地点后缘之间的垂直距离。如果想要确保成绩的准确性，需要一人报出实心球最终位置。

2. 测试目的

测试学生的上肢爆发力。

（十四）坐位体前屈

1. 测试方法

参与测试的学生坐在垫子上，双腿伸直，双脚与测试纵板相互接触，双脚分开10~15厘米距离，上肢向前微屈，双臂向前伸直，然后用双手中指指尖慢慢地向前推动游标，一直推到能够达到的最大距离。测试计的脚蹬纵板内沿平面部位为"0"，向内是负值，向前是正值。记录单位为厘米，最终结果保留1位小数。每个学生有两次测试机会，取最高一次成绩。

2. 测试目的

测量学生身体的最大活动限度，特别是对腰和髋关节运动力度的测试，主要是了解学生关节、韧带和肌肉的伸展性和弹性以及学生身体柔韧性的整体发展水平。

(十五) 握力

1. 测试方法

参与测试的学生双脚自然站立,双臂自然下垂。一只手伸出,尽最大力量握住握力计(测试时,握力计必须与其他外界物质保持一定距离,如受试者的衣服和身体),然后记录下握力器所显示的数字。一般情况下,会使用最有力的手握两次,最终结果取最大值,以公斤为单位,保留1位小数。

2. 测试目的

测试学生上肢总体的肌肉力量。

(十六) 引体向上

1. 测试方法

参与测试的学生跳起后双手握住横杆,保持两只手臂与肩同宽,使得整个身体悬挂在杆中央。待身体平稳后,两臂同时用力,使身体向上(身体不能有附加动作),下颌必须要超过横杆才能够记录为一次成绩。成绩记录单位为次。

2. 测试目的

测试学生的上肢肌肉力量的发展水平。

二、《国家学生体质健康标准》大学生测试项目查分表

表 1-3-1 体重查分表(体重单位:公斤)

身高(cm)	营养不良 (50分)	较低体重 (60分)	正常体重 (100分)	超重 (60分)	肥胖 (50分)
144.0~144.9	<41.5	41.5~46.3	46.4~51.9	52.0~53.7	≥53.8
145.0~145.9	<41.8	41.8~46.7	46.8~52.6	52.7~54.5	≥54.6
146.0~146.9	<42.1	42.1~47.1	47.2~53.1	53.2~55.1	≥55.2
147.0~147.9	<42.4	42.4~47.5	47.6~53.7	53.8~55.7	≥55.8

续表

身高（cm）	营养不良 (50分)	较低体重 (60分)	正常体重 (100分)	超重 (60分)	肥胖 (50分)
148.0~148.9	<42.6	42.6~47.9	48.0~54.2	54.3~56.3	≥56.4
149.0~149.9	<42.9	42.9~48.3	48.4~54.8	54.9~56.6	≥56.7
150.0~150.9	<43.2	43.2~48.8	48.9~55.4	55.5~57.6	≥57.7
151.0~151.9	<43.5	43.5~49.2	49.3~56.0	56.1~58.2	≥58.3
152.0~152.9	<43.9	43.9~49.7	49.8~56.5	56.6~58.7	≥58.8
153.0~153.9	<44.2	44.2~50.1	50.2~57	57.1~59.3	≥59.4
154.0~154.9	<44.7	44.7~50.6	50.7~57.5	57.6~59.8	≥59.9
155.0~155.9	<45.2	45.2~51.1	51.2~58	58.1~60.7	≥60.8
156.0~156.9	<45.6	45.6~51.6	51.7~58.7	58.8~61	≥61.1
157.0~157.9	<46.1	46.1~52.1	52.2~59.2	59.3~61.5	≥61.6
158.0~158.9	<46.6	46.6~52.6	52.7~59.8	59.9~62.2	≥62.3
159.0~159.9	<46.9	46.9~53.1	53.2~60.3	60.4~62.7	≥62.8
160.0~160.9	<47.4	47.4~53.6	53.7~60.9	61.0~63.4	≥63.5
161.0~161.9	<48.1	48.1~54.3	54.4~61.6	61.7~64.1	≥64.2
162.0~162.9	<48.5	48.5~54.8	54.9~62.2	62.3~64.8	≥64.9
163.0~163.9	<49.0	49.0~55.3	55.4~62.8	62.9~65.3	≥65.4
164.0~164.9	<49.5	49.5~55.9	56.0~63.4	63.5~65.9	≥66.0
165.0~165.9	<49.9	49.9~56.4	56.5~64.1	64.2~66.6	≥66.7
166.0~166.9	<50.4	50.4~56.9	57~64.6	64.7~67	≥67.1
167.0~167.9	<50.8	50.8~57.3	57.4~65.0	65.1~67.5	≥67.6
168.0~168.9	<51.1	51.1~57.7	57.8~65.5	65.6~68.1	≥68.2
169.0~169.9	<51.6	51.6~58.2	58.3~66	66.1~68.6	≥68.7
170.0~170.9	<52.1	52.1~58.7	58.8~66.5	66.6~69.1	≥69.2
171.0~171.9	<52.5	52.5~59.2	59.3~67.2	67.3~69.8	≥69.9
172.0~172.9	<53.0	53.0~59.8	59.9~67.8	67.9~70.4	≥70.5
173.0~173.9	<53.5	53.5~60.3	60.4~68.4	68.5~71.1	≥71.2
174.0~174.9	<53.8	53.8~61.0	61.1~69.3	69.4~72.0	≥72.1

续表

身高（cm）	营养不良 (50 分)	较低体重 (60 分)	正常体重 (100 分)	超重 (60 分)	肥胖 (50 分)
175.0~175.9	<54.5	54.5~61.5	61.6~69.9	70.0~72.7	≥72.8
176.0~176.9	<55.3	55.3~62.2	62.3~70.9	71.0~73.8	≥73.9
177.0~177.9	<55.8	55.8~62.7	62.8~71.6	71.7~74.5	≥74.6
178.0~178.9	<56.2	56.2~63.3	63.4~72.3	72.4~75.3	≥75.4
179.0~179.9	<56.7	56.7~63.8	63.9~72.8	72.9~75.8	≥75.9
180.0~180.9	<57.1	57.1~64.3	64.4~73.5	73.6~76.5	≥76.6
181.0~181.9	<57.7	57.7~64.9	65.0~74.2	74.3~77.3	≥77.4
182.0~182.9	<58.2	58.2~65.6	65.7~74.9	75.0~77.8	≥77.9
183.0~183.9	<58.8	58.8~66.2	66.3~75.7	75.8~78.8	≥78.9
184.0~184.9	<59.3	59.3~66.8	66.9~76.3	76.4~79.4	≥79.5
185.0~185.9	<59.9	59.9~67.4	67.5~77	77.1~80.2	≥80.3
186.0~186.9	<60.4	60.4~68.1	68.2~77.8	77.9~81.1	≥81.2
187~187.9	<60.9	60.9~68.7	68.8~78.6	78.7~81.9	≥82.0
188~188.9	<61.4	61.4~69.2	69.3~79.3	79.4~82.6	≥82.7
189.0~189.9	<61.8	61.8~69.8	69.9~79.9	80.0~83.2	≥83.3
190.0~190.9	<62.4	62.4~70.4	70.5~80.5	80.6~83.6	≥83.7

第二章 高校体育与健康

本章内容将主要针对体育与健康概述、高校体育和高校学生的体育健康行为进行阐述。

第一节 体育与健康概述

体育作为一种社会文化现象是随着人类社会的产生与发展而出现和不断演进的。在人类社会发展的历史进程中,体育这一社会文化现象也与其他事物的发展一样,经历了从萌芽到发展再到完善的过程,在整个社会发展过程中扮演着重要的角色。

一、体育的概念

在认识和理解体育概念之前,需对体育概念的三条原则进行了解,即科学性原则、与国际用语相互一致原则、考虑民族习惯原则。

根据世界体育资料的记载,"体育"这个词最先由法国人提出。1760年,法国报刊在讨论儿童身体教育这一问题时,用了 Education Physique (法) 这个词。现在,国际上通用"Physical Education"泛指"体育",直接翻译过来是"身体的教育"的意思,指的是对身体活动的教育。

一般认为,"Sport"一词源于拉丁语的"Dies-port",它的本意是指人们不去工作而是去开展某些娱乐活动。后来衍生出了新的含义,即竞技运动或竞技体育。"体育"一词传入我国的时间并不长,只有几百年的历史。体育史学界一般认为最早是由赴日本留学的中国留学生传入的,同一时间传入我国的还有德国的"体操"一词。而后,一律采用"体育"和"体育运动"作为体育的总概念或者第一位的概念。

体育有广义与狭义的区分。体育理论界对体育有着不同的定义,当前最普遍、接受程度最高的定义是:体育是一种有意识、有目的、有组织的社会活动,它根据人类社会生活的需要,以人体生长发育、动作技能形成和机体机能提高的规律为依据，通过不断地练习和锻炼，促进身体发展、体质增强、提高运动技术水平、丰富社会文化生活等。

二、体育的起源与发展

体育是人类文化的一部分，随着人类社会的发展而不断发展。史学家和考古学家的研究指出，人类在原始时代就把一些日常的生活技能和本领传递给下一代，如走、跑、跳跃、投掷、攀登、爬越等技能，是人类教学的开端，也是体育活动的萌芽。无论是教育、科技、军事的发展，还是宗教活动、休闲娱乐活动等开展，都与体育的发展有着千丝万缕的联系。必须明确的一点是，体育在发展过程中，或多或少会受到政治和经济的制约，并为政治经济服务。

体育的发展大致经历了三个时期，分别是原始的体育萌芽时期、自觉从事体育活动时期、形成与完善体育制度时期。经过这三个时期的发展和完善，形成了当前较为完备的体育系统，其中，竞技体育的发展是推动现代体育发展的主要动力。

三、体育的功能

长久以来，体育理论界最有争议的话题之一就是体育的功能。只有更全面、更透彻地了解体育的功能，才能更好地认识体育本身。体育理论界普遍认为体育的功能是多种多样的，但是在一些问题上还存在着分歧，如哪些功能是本质功能，即体育本身所具有的功能；哪些是非本质的功能，即利用体育以达到的某种目的。将二者区分开来很有必要，把功能和作用进行区分，意思会更加明确，也可以把本质功能和非本质功能的区别凸显出来。当前更多人认为，体育的功能有三个方面，即教育、健身和娱乐，这三个方面是一个统一的整体，不可割裂开来。无论是学校教育、社会体育还是竞技体育，都具有这三种功能。

近年来，我国开始注重体育的政治功能，如建立的"友谊第一、比赛第二""小球转动地球""为国争光"等口号。而政治、经济、文化、科技等功能，可以归为体育的非本质功能，或者叫作体育的某种作用，如政治作用、经济作用等。这样可以更全面地看待体育的功能和作用，区分二者的异同，即明确体育不是一个单一的系统，它是多层次组合在一起的社会系统，我们要认识到整体和各个层次之间的关系。

四、体育的构成

中国的体育运动由学校体育、社会体育运动（群众体育运动）和竞技体育三个部分组成。

（一）社会体育

社会体育在我国体育事业组成中具有很高的地位，它与人民体质的增强、健康水平的提高和生活质量的改善密切相关，是社会进步、人民生活健康的重要标志。我国的社会体育（或称大众体育、群众体育）产生于城市中的。代表了我国社会体育覆盖的全部领域，是计划经济体制下典型的"单位体育"，范围局限在"单位"之中，是以单位职工为主要对象开展的一种体育活动。但是，随着我国经济社会的发展，社会领域的改革也在逐步发展和完善的过程中。在这种环境下，社会体育作为城市社会生活的重要组成部分，也紧跟时代发展的步伐，不断发展和进步。总的来说，在市场经济体制的影响下，城市居民参加体育活动的组织和管理方式发生了很大的变化，这种变化标志着"单位体育"制度必然走向瓦解，同时也宣告城市社区体育的兴起。

（二）竞技体育

竞技体育也叫竞技运动，是体育活动的重要组成部分，其主要特征是体育竞赛，主要目标是取得比赛的胜利，在比赛中获得优异的成绩。在史前时代，人类在早期的生活中，以争取胜利为特点的原始、古朴的体育比赛形式已经出现。此后，这种活动形式又经长期发展，不断丰富活动内容，产生了更多的比赛项目，是近代体育发展的基础。在近代体育发展过程中，比赛活动形成其特有的独立性，并被定名为"竞技运动"。当代，竞技运动在发展、演进的过程中，无论是在理论上还是实践方法上都变得越来越成熟，更具有影响力，成为一种遍及社会各阶层、波及世界五大洲的特殊社会现象。

竞技体育项目按竞技能力的主导因素、运动项目的动作结构、运动成绩的评定方法等标准可分成多个项目群。

（三）学校体育

学校体育在我国教育体系中占有重要的地位，是实现我国体育目的、任务的重要手段和途径，也是开展全民健身运动的战略重点和基础；同时，学校体育作为我国学校教育的重要组成部分，为培养全面发展的21世纪人才起到了重要的作用。

学校体育在社会发展及教育体系发展中也在不断地完善和发展。在西周奴隶社会时期，有对"六艺"内容进行教学，即礼、乐、射、御、书、数，其中的"射、御"主要目的就是为了锻炼身体、增强体魄和进行军事技能的训练，有关娱乐、舞蹈内容的"礼、乐"的教学，是我国学校体育教育的萌芽。我国近代学校的体育教育是在清朝末年从欧美、日本等国家传入的。1901年科举制度被废除后，清政府在1904年颁布了《奏定学堂章程》，规定各级学堂都要开设体操科，其主要内容为德、日的普通体操和兵式体操，因此，当时就有"体操老师""体操师傅"之称。1923年，将体操课改为体育课，教学内容大多采用英、美的游戏、田径、球类等。新中国成立后，随着社会主义建设事业的发展，学校体育出现了崭新的面貌，特别是改革开放以来，学校体育更是得到飞速的发展。体质与健康课程标准的颁布、学生体质健康测试标准等的出台对加速学校体育事业的发展起到了推动作用。

五、健康的概念

拥有健康是人类最大的财富，也是生存和发展的前提和必要条件。健康是知识、友谊的载体，同时健康又是人类的丰厚资本。没有健康，就没有成功；没有健康，就没有收获；没有健康，就没有发展，人类的健康观念是随着社会的发展和生活水平的提高而不断变化的。自古以来，由于历史、时间、地理、文化、社会等因素的影响，人们对健康这一概念有着不同的理解。过去，人们片面地把健康理解为"健康就是没有疾病，有病就不健康"；也有人认为"能吃能睡就是健康"；还有人认为"身体虚弱、精神面貌不好就不健康"等。但是，现代的健康观念认为：健康已经不仅仅局限于身体层面的健康，它所包含的内容和范围已经大大拓展，涉及身体、心理、社会适应和道德等方面。

1984年，世界卫生组织（WHO）提出了健康新概念："健康不仅是没有病和不虚弱，而且是身体上、心理上和社会适应能力上三方面的健康状态。"

1989年，WHO将健康重新定义为："心理健康，身体健康，道德健康和社会适应良好。"甚至将生殖健康也列入其中。

2000年，WHO提出了"合理膳食、戒烟、心理健康、克服紧张压力、体育锻炼"等促进健康的新标准。一个健康的人，需要在身体、心理方面保持健康状态，且能良好的适应社会环境，全面发展。

健康观念的发展变化，说明了人类对健康的重视程度和对生活质量提高的不断追求。享受健康是一种基本人权；健康是社会发展的组成部分；人人都拥有享受、追求健康的权利。正如英文单词 HELP 中各个字母代表的深刻含义一样，个体健康是现实的，群体健康是理想的。

HELP 中的 H 代表健康。健康是生命之本，健康的生活习惯是健康肌体的根本保证。

HELP 中的 E 代表每个人。具备追求健康的意识很重要，应让每个人都了解到健康的重要性，从而养成良好的生活习惯，并带动身边的人。这里强调每个人的最终目的是消除国民的健康差距，促进全民健康发展。

HELP 中的 L 代表一生。从生命的早期就开始重视健康行为，树立终身体育意识，将使人受益终身。坚持养成健康的生活习惯，有可能改变一些疾病的遗传特性。

HELP 中的 P 代表个人。根据自己的习惯，对个人行为做出调整，做到因人而异，并且强调循序渐进。

六、健康的标准

拥有健康的体魄具有十分重要的意义，它是当今人类不断追求的目标，是人类生存和发展的基本前提，也是人类社会发展和进步的重要标志。健康是一种资源，健康是财富，健康是生产力。每个人都应珍惜自己的健康，都应按照合理膳食、适量运动、戒烟限酒、心理平衡这"四大基石"管理好自己的健康。

世界卫生组织对不同年龄的人群作了如下分类：44 岁以下的为青年，45~59 岁的为中年，60~74 岁的为较老年，75~89 岁的为老年，90 岁以上的为长寿者。

近期，世界卫生组织制定了简单、易懂的标准来定义人的机体健康和精神健康，具体可以用"五快"和"三良好"来衡量。

"五快"标准是针对人的生理健康而言的，即吃得快。在吃饭时，有着良好的胃口，对各品种的食物不挑剔，饭菜消灭的速度快；便得快。一旦有便意，能很快排泄完，无不良感觉；睡得快。上床后能很快入睡，且睡眠质量好，睡醒后头脑清醒，精神饱满；说得快。思维敏捷，口齿伶俐，对答如流；走得快。行走轻快自然，步伐轻盈。

"三良好"标准是针对人的心理健康而言的，即良好的个性人格，性格温和，不乱发脾气，意志坚强，有毅力，感情丰富，胸怀坦荡，积极乐观等；良好的处世能力，自律能力良好，能很快地适应复杂的社会环境或者新环境等；良好的人际关系，热心助人，与人为善，对生活和人际交往充满热情，喜欢与人交流等。

七、影响健康的因素

《渥太华宪章》指出：健康最基本的条件和资源是和平、住房、教育、食品、经济收入、稳定的生态环境、可持续的资源、社会公正与公平。只有有了这些先决条件，才有改善健康可言。人体的健康是许多因素相互交叉、渗透、影响、制约和相互作用的结果。

世界卫生组织在1989年公布了一则资料：个人的健康和长寿，60%取决于自身状况，15%取决于遗传基因，10%取决于社会因素，8%取决于医疗条件，7%取决于生活环境和地理气候条件的影响。

（一）遗传因素

遗传是生物共有的基本特征，是子代和亲代之间在形态结构以及生理功能上所表现出来的相似性。有的草本植物只能活一年，有的树木的寿命却能长达几百年，表达了生物的寿命长短在不同物种当中表现出来的差异性。对人类来说，遗传不仅会影响人的自然寿命，而且会影响人的生长发育，如身高、体重、皮下脂肪、血压等多项形态、生理指标都会呈现出不同程度的家族性倾向，尤其是身高。遗传病在当今社会是严重危害人类健康的疾病之一。

（二）自然环境

人类进行的各种生命活动与自然环境的变化是密切相关的。人的身体健康会受到风雨寒暑、二十四节气等多方面自然环境的影响。人类在此过程中不完全是被动的，可以适应一定环境的变化，如人体可以调节自身体温来适应气候条件的变化，但是如果环境发生异常变化并无法承受，就会产生疾病。环境因素是造成人体疾病的罪魁祸首，而在环境导致疾病的因素中，环境污染占了很大的比重。

（三）社会因素

人类的健康状况也会直接或者间接地受到社会经济发展状况、社会秩序、伦理道德、宗教、风俗、教育等社会环境因素的影响。弗莱齐尔学者曾说，一些遭受过虐待、歧视的儿童和青少年，身材矮小、生长发育比较缓慢、骨龄落后、性发育迟缓，他们并没有明显的家族遗传倾向，但因为不良的环境对中枢神经系统造成的长期恶性刺激，导致生长激素释放因子分泌匮乏，而产生健康问题。如果他们生活的环境改变了，那么他们的生长就会逐渐恢复正常。

（四）自身因素

自身因素包括对健康的认识、生活习惯、行为习惯、饮食、锻炼、休息、精神、社交等诸方面，体育锻炼是其中最重要的因素。对健康的认知水平有宏观与正确的意识，才能指导正面而有意义的行为。因此，对健康概念有一个全面、科学的认识，将指导你规范自己的行为，进行自我保健和锻炼，养成良好的生活习惯。同时，也能帮助你克服和避免如"没有疾病就是健康""亚健康状态不危害人体健康""疲劳不危害人体健康"等不正确的观念。

现代人应具有自我保健的意识和常识，加强自我保健，注意身体传递给自己的各个信息，并对之做出反应，做到定期体检，有病及时就医。

1. 社交活动

人是自然界中的生物，也是社会中的人。在社会中，每个人都有自己所要扮演的社会角色，必须要承担相应的社会责任，提高自己适应社会的能力，以便更好地融入社会生活，保证有适量的社交活动，与他人形成和谐的人际关系，使自己在交往中有自信感和安全感。同时，与他人友好相处也会使人少生烦恼，心情舒畅。

2. 情绪和精神状态

健康的人，一般都有积极向上的生活态度，憧憬美好生活，有着充实的精神世界。在日常生活中能保持良好稳定的情绪，偶尔出现情绪高涨或情绪低落的情况，大部分时间里要保持情绪稳定，能够控制好自己的喜怒哀乐。

3. 生活方式和行为习惯

根据美国疾病控制中心对心脏病、癌症、中风、车祸及其他意外事件、流感、肺炎、糖尿病、肝病、自杀、他杀10种最常见的导致死亡因素的调查结果显示，造成这些死亡的主要原因是不健康的生活方式。养成健康的生活习惯才能保证身体的健康，如不吸烟，不过度饮酒，按时吃饭，注意饮食的营养和健康，保持正常的体重，拥有良好的睡眠，按时进行体育锻炼等。所以，在生活中，要注意养成健康的生活方式。

八、亚健康

亚健康是一种暂时性的生理失调现象，指的是身体虽然没有明显的疾病，但是却呈现出活力降低、功能减退等一种生理状态，会引发精神紧张综合征、疲劳综合征、疼痛综合征等疾病。

亚健康处于健康与身患疾病的中间，无论是身体还是心理都处于不健康的状态。亚健康状态对人的身体危害很大，长期下去会导致肿瘤、心血管疾病、呼吸及消化系统疾病和代谢性疾病等，这些疾病的爆发都有一段时间的潜伏期，且发展过程缓慢，身体处于亚健康状态时，如果不注意调整，很容易引发其他疾病。

对于亚健康状态，我们要做到提早发现、提早预防和提早治疗，养成健康的生活习惯，了解健康方面的知识，定期去医院体检。亚健康与基因分析的最新研究发现：人体70%的疾病都与基因异常有关，当人体处于亚健康状态时，其患病风险就会大大提高。现代医学认为，疾病的产生是先天的基因遗传和后天的外来因素共同作用的结果，几乎所有疾病的发生都与基因有关（如心血管疾病、各类癌症、遗传性疾病、肝炎、肥胖、老年痴呆症等）。通过分析人体基因序列，可以了解目前身体的健康状况，了解自身患病的概率，并根据目前的身体状况作出相应的调整，养成健康的生活习惯，摆脱亚健康，预防疾病的发生。

调查表明，亚健康产生的根源：首先，是对健康没有正确的认识，降低了对威胁自身健康的各种因素的应激反应能力；其次，是由不良的生活习惯、疲劳、社会和工作带来的精神压力等造成的。当知道自己处于亚健康状态时，既不要掉以轻心，也不要过分紧张，应当积极应对。

第二节 高校体育

一、大学体育对大学生的基本要求

现如今，教学素质的不断提高对我国大学体育教育工作提出以下几点要求：树立积极参与体育活动的意识、强健大学生体魄等，为更好地适应大学及社会环境提供了强有力的支撑。

（一）提高体育的基本活动能力

能力是指人在从事某种活动中表现出来的本领。其中，智力作为人所具备的能力之一，在生活中指导人们学习新事物，并在成长的过程中不断积累经验。能力是自身素质组成中最为复杂的一个因素，生成过程极为复杂，共有的三个组成部分，即生理素质的基础；教育培养的作用；个人努力和实践的成就。每个人德、智、体实际状况的不同制约和影响了其能力的大小。

1. 提高人的基本活动能力的有效途径

开展体育活动是人们生活中必不可少的项目之一，其可以促进身体机能的健康成长，是提高基本活动能力的有效途径之一。在社会局长水平的不断提高中，体育活动的开展得到越来越多国人的重视，并逐渐得到落实。由此充分体现出，体育活动对推动全面素质教育发展中有着不可或缺的重要意义。为贯彻落实人的基本活动能力，应从以下四方面采取具体措施：应提高认识能力、平衡体育运动能力；进行自我检查和自我评价的能力等。

2. 优化智能结构

当代社会对高素质人才的要求逐渐升高，并具有以下几点特征：扎实的专业基础，坚定的性格特点，强大的社会适应能力，最优化的智能结构。智能涵盖了身体力、知识力、认识力，实践力，创造力五种基本要素，是一个人智力和能力的总称，也是一个相互联系、影响和制约的动态综合系统。

3. 人的基本活动能力

基本活动能力的大小影响其活动效率与完成程度的高低。例如，走、跑、跳跃、投掷、悬垂、支撑、爬越和游泳等活动，是运动技巧随意性的表现，又反映了相应的个性心理特征。

（二）努力塑造强健的体魄

目前，我国体育教育的直接目标或首要任务为增强人民体质。体育活动的开展，可以增加人们健康生活的情趣，努力塑造强健的体魄，是我国社会发展的刚性需求，社会更好更快的发展离不开强健体魄的构建。

(三) 建立良好的体育意识

体育活动的顺利开展，离不开体育意识的正确构造。人们在参与体育活动的过程中，产生了对体育活动重要性的认识，并由此产生了体育意识。大学生的体育意识是指大学生对体育的认识和理解，即理解体育运动的意义和作用、具有参与体育活动的欲望和要求等内容。

良好的体育意识的建立，对我国大学生的教育开展工作具有很大的促进作用。首先，在开展体育活动前，对体育活动树立正确的意识，能够得到更好的活动效果。其次，在一定程度上也能影响学生的思想和行为，树立正向的体育意识，形成正确的竞争合作氛围。

在现代社会发展中，商品经济和社会化生产逐渐占领了生活的角角落落，体育活动的开展也逐渐融入其中，其具有的竞争合作意识、奋斗拼搏意识、交往意识等特性，在商品经济的发展中均有所体现。体育活动的发展逐渐变得经济化、社会化，树立正确的体育意识成为当前发展的重要任务。

(四) 培养体育的兴趣和习惯

1. 爱好是从事某种活动的倾向

为促进体育活动的开展，应积极培养大学生对于参与体育活动的兴趣，开发体育活动的趣味性，使学生们能够主动参与到体育活动中来，并从中收获到乐趣，从而演变成爱好。

2. 正确对待体育的兴趣和爱好

首先，积极引导学生参与体育活动，维持原本感兴趣的活动，对学生身心有益但趣味性不高的活动，进行正确引导。对学生开展正确对待体育兴趣和爱好的引导过程，是体育教育过程，更是一个综合素质的培养、教育过程。

3. 兴趣是人们积极探究某一事物的认识倾向

对体育产生的兴趣，一般建立在对体育活动产生需求的基础上。人们因某一事物的趣味性而引起对其的兴趣，但一时的兴趣是短暂的，应认真探究兴趣原因及有益之处，使短暂的兴趣变为习惯，保持参与体育活动的热度。

二、实施大学体育的基本途径

(一) 课余体育活动

课余体育活动是在大学生必修课程之外开展的、内容更为丰富的体育活动。为促进大学校园的精神文明建设提供了另一条发展途径。课余体育活动可以强健学生们的身体素质，引发并维持对体育活动的兴趣，丰富学生们的课余生活，在一定程度上促进体育教育活动的开展。我国各高校十分重视课余体育活动的开展，并结合本校具体情况开展相应的教育活动。为提高体育活动质量进行实践的探索，为学生身心健康的发展提供强有力的保障。

1. 课余运动训练

大学课余运动训练是一种特殊的教育过程，它利用课外时间，系统地培养了一些身体素质更好、具有一定体育特长的学生，是高校体育的重要组成形式，对大学体育活动的贯彻普及起到一定的促进作用。运用专业的训练知识与技巧提高了体育技术水平，培养了一批优秀的未来国家运动员选手，承担着促进大学体育蓬勃发展的艰巨任务。大学课余运动训练不仅具有双重目标、对象广泛、课外时间、体育专业化和训练方法多样化等优势，还具有高科技、多学科、大学生身体和智力能力等优势。在现有中国特色大学体育教育里，采取更新观念、增加措施、遵循法律、敢于创新大学课余运动训练等措施是对学生成长有益的途径。

2. 课间操活动

课间操是积极的休息。文化课程下课后，在教室周围进行3~5分钟的轻微运动，或者，多节课之间还可以适当安排5~10分钟做广播体操或太极拳等适当运动，不仅可适时转移大脑的优势兴奋中枢，还可为下一堂课注入更充沛的精力。

3. 野外健身活动

野外指的是自然环境，如山脉、河流、湖泊、海洋、草原和天空等。野外活动是指在这种自然环境中进行的各种活动，其内容可分为陆地、水域和空域三方面。野外健身活动具有不可替代的作用，是一项放松身心、增强人民体质的有益活动，并深受人们的喜爱。使大学生身处在大自然的环境中，感受到来自大自然的美丽，爱上并保护大自然。

4. 全校性的体育比赛

全校性田径比赛或个人体育竞赛的举行会把高校体育的发展推向每年的高潮。采用运动的形式，为所有的老师和学生提供一个公平竞争的机会。每一次学校运动会的成功举办对整个学校来说都是一件大事，可以给学校带来新的活力。

5. 早操锻炼

早操锻炼的开展可以刺激人们的神经系统，使还在沉睡中的脑力及身体机能得到充分的释放，在锻炼过程中，呼吸新鲜的空气，强健学生的身体素质。

在早操锻炼中，应开展多样化的内容以带动大学生参加锻炼的兴趣。例如，学习太极拳、军体拳、广播体操等。也可以举行相应的早操比赛，提高锻炼积极性。早操锻炼与校风学风建设具有紧密的关系，许多高校逐渐将二者的发展结合在一起并加以重视，这是一个有远见的行为，应该被效仿。

6. 课余体育活动

课余体育活动是大学生在完成一天课程后，有目的、有组织地进行体育锻炼的具体实践。满足了学生们的课余生活需求，其形式内容有小型体育比赛的举办、伴随迪斯科音乐的健美操、太极训练站、健身路径活动、安装了现代健美器械的体育馆等，吸引了成千上万的参与者和观众。

（二）体育课

体育课是教育课程中较为重要的教育因素之一，是根据教育计划和体育教学大纲组织起来的特殊教育活动，是促进学生身心健康的有益课程，是实现大学体育目标的基本途径。

1. 体育课的设置与类型

由国务院批准颁发的《学校体育工作条例》中明确规定：普通高等学校的一、二年级必须开设体育课。修满规定学分、达到基本毕业要求是学生毕业并获得学位的条件之一。普通高等学校三年级以上学生（包括研究生）开设体育选修课。为了进一步加强它在学校的地位，《中华人民共和国体育法》又把"学校必须开设体育课，并将体育课列为考核学生学业成绩的科目"作为法规条文,要求教育行政部门和学校必须认真执行。《全国普通高等学校体育课程教学指导纲要》规定:"普通高等学校一、二年级必须开设体育课程。修满规定学分、达到基本要求是学生毕业并获得学位的必要条件之一。"

根据教育的总目标和体育学科及现代理论的自身规律,有针对性地开设以下几种类型的体育课。

(1)必修基础课。在课程上形成正确的体育活动参与意识,并通过一定的学习掌握基本的运动知识内容、运动技巧。使学生通过课程的开展,得到更好的身心发展,更好地适应学校生活环境。

(2)必修选修课。根据学生的个人喜好、专业和身心发展水平,以一定类别的体育运动作为学习内容,提高学生参与体育活动的兴趣,辅以专业的系统教学,对体育活动保持长久的兴趣度。

(3)选修课。在必修课的基础上,根据实际情况提供多种形式课程组织教学,以某一类(组)体育锻炼为主要内容,培养学生自觉参加体育活动的意识,能够坚持参加体育锻炼活动。

(4)训练课程。对于一些高水平的学生,一些院校可以在保证本专业课程学习的前提下,贯彻执行普及与提高相结合的重要措施,提高运动技术水平,为校、为国争光。

(5)保健课。针对体弱多病、行动不方便等体质较差的学生开展的课程。旨意帮助他们在最大范围内参与体育锻炼,增强身体素质。采取科学、合理的教学手段,带领学生们参与活动量适中的体育活动,并教授一定的健康保养知识,保持身体的健康水平。

2. 体育课的指导思想

首先是健康第一的思想。党中央明确指出:"健康体魄是青少年为祖国和人民服务的基本前提,是中华民族旺盛生命力的体现。学校教育要树立健康第一的指导思想。"学校体育更应该树立健康第一的指导思想。

其次是全面素质教育的思想。学会生存、保持健康是学会学习、学会工作、学会生活、学会创造的基础,科学有效的体育与健康课程的教学,可使学生全面素质得以提高。

第三是终身体育的思想。终身教育、终身学习、终身体育是21世纪教育和人的发展总趋势。要重视把运动、体育、健康置于人的生命的全过程之中。

第四是面向全体学生的思想。作为现代教育计划的基本组成部分,体育与健康课程必须面向全体学生,促使每一位大学生都能参与其中,实现人人享有体育、人人享有健康的目的。

第五是个性教育的思想,以人为本,重视个性,创造良好的氛围,展示学生的个性,发展学生的天赋,挖掘学生的潜能。

第六是整体化的课程建设思想。建立"教师为主导,学生为主体,课内课外相结合,理论与实践相结合,生理心理相结合,观赏参与相结合,运动是手段,体育是过程,健康是目标,教书育人,全面培养,学以致用,终身受益"的整体化的课程建设指导思想。

3. 体育课的性质和任务

体育课是培养21世纪合格人才的现代教学计划的基本组成部分,是高等学校的基础课程之一,它是大学体育工作的中心环节,也是完成高等教育和大学体育工作任务的重要途径。

体育课的基本概念是:按照国家规定的教育目标而组织有关体育的多因素、多层次、多维度的动态复合性教育过程。体育课一般分为:理论课:系统介绍体育知识,有体育概述、体育科学原理、卫生与健康、世界大型运动会及部分运动项目的规则和裁判法等;实践课:以运动场为课堂,学习与掌握体育基本知识与技术以及锻炼身体的方法,增强身体素质,提高基本活动能力。

体育课的目的旨在通过合理的体育教育过程和科学的体育锻炼的行为过程,促使学生增强体育意识,树立现代健康观念,不断提高体育能力与健康的行为方式,养成坚持参加体育锻炼和重视身心健康的习惯。同时受到良好的思想品德教育,成为体魄强健、身心健康的社会主义事业的建设者和接班人。

体育课的基本任务:首先是增强体质、增进健康,全面提高学生的素质和对环境的适应能力,促进其身心全面发展。其次是促使学生掌握体育的基本理论知识,形成良好的体育意识,建立正确的体育观念,在全面学习体育运动技术的过程中,掌握适用的基本技能,为养成终身进行体育锻炼的良好习惯打下坚实的基础。第三是促使学生掌握现代健康的理论知识,形成正确的健康观念和意识,通过掌握和运用科学组合的体育运动为基本手段,促进身心健康。最后是培养学生爱国主义和集体主义的思想品德,树立正确的体育观念,形成勇敢顽强、善于拼搏、团结进取、开拓创新的精神面貌。

三、大学体育的目的和任务

（一）大学体育的目的

大学体育是学校教育的重要组成部分，其目的就是以运动和身体练习为基本手段，对大学生机体进行科学的塑造，在提高人的生物潜能和心理潜能的过程中，进德、益智、促美，达到身心健康、全面发展的教育总目的。

（二）大学体育的任务

大学体育的目的是通过完成以下五方面的任务来具体实现的：培养高水平的运动员；培养学生的道德意志品质；增强学生体质，促进学生身心健康；培养学生审美和创造的能力；促使学生努力掌握体育的基本知识、基本技术和基本技能。

第三节　高校学生的体育健康行为

行为与健康有着密切的关系。随着经济的发展，由不良行为、生活方式引起的疾病迅速增加。我们已经知道吸烟、缺乏运动、不合理膳食等是慢性非传染性疾病的危险因素；在传染病的传播过程中，人们自身的行为可能导致疾病的感染或传播。另一方面，通过采纳合理的行为，也有助于疾病预防、治疗和康复。作为当代大学生，应该主动掌握行为与健康的基本知识，培养健康的学习和生活习惯，养成正确的用脑卫生、用眼卫生、起居卫生、运动卫生和营养卫生，减少或消除各种健康危险因素，提高生活质量，促进身心健康。

一、行为与健康

人类行为的产生受很多因素的制约，如价值观、知识、态度、个性和需要等。其中健康因素与人类的行为紧密相关。不好的行为会结人类的健康带来危害，而良好的行为可以使人更加健康长寿。营养不良和传染病已经不再是发达国家的主要死亡原因，其已被意外事故、心脏病和肿瘤所代替，并且这三种致病原因都是与人类行为息息相关的。

伴随着现代医学的发展，越来越多的人开始意识到，除了生物性致病因素会产生肿瘤、心脑血管疾病之外，还有很多的个人行为和社会因素也会影响到人们的身体健康状态。如过量的盐的摄入、无节制的抽烟、缺乏锻炼、过多的脂肪含量的摄入等。

据 WHO 在 1992 年进行的统计显示，不良行为导致人类死亡的比例约占 60%。中国因为不良行为和生活方式而导致死亡的人数占总死因的 37.3%；美国因为不良行为和生活方式而导致死亡的人数占总死因的 48.90%。

判断某种行为是否危害人的身体健康，主要看这种行为是否具备以下三种特点：一是危害性。这种行为对自己、对别人、对社会的健康发展是否有明显或潜在的危害。二是持续性。这种行为对于健康的损害是否具有长期的状态，具有一定的强度和作用时间。三是后天习得性。这种行为并不是先天具有的，而是从后天生活中所学习到的，所以也被称为"自我创造的危险因素"。

大致可以分出四种危害健康的行为：①日常危害健康行为，包括吸毒、吸烟、乱性和酗酒等。②致病性行为模式，也被称为 DPP，即导致特殊疾病发生的行为模式。比如 A 型行为和 C 型行为是目前研究最多的两种行为模式。A 型行为具有两种表现形式，分别是对外在世界充满敌意和不耐烦，他们会因为他人的无心之失而愤怒不已。这是因为这类人缺乏安全感，具有极强的自尊意识。这类型的行为表现还有相同的外部特征，比如前额口唇总是汗津津的、话语中充满敌意、喜欢插话、眼睛四周发黑发暗等。C 型行为表现出自我压抑的特征，他们会压制自己的真实情绪，使其看起来温顺恭敬，其实是将自己的怒火压制起来，暗自生气。③不良生活习惯。其主要导致各种成年期慢性退行性病变、早衰、癌症等发生，表现有饮食过度、偏食、挑食和过多吃零食；嗜好含致癌物的食品，有不良进食习惯等。④不良疾病行为。这种行为通常是人们在得知自己患病后，到康复中心进行治疗时所呈现出来的行为，例如表现出来的自暴自弃、恐惧、隐瞒病情等行为。

对于每一种具体的行为，我们要采取不同的应对措施：①培养健康的生活习惯，有规律的进食，将体重控制在合适范围，保证充足的睡眠，维护良好的社交圈子，定期进行健康体检。②坚持体育锻炼，每天保证适量的户外活动时间。③加强安全意识，预防危险事情的发生，防患于未然。④戒掉酗酒、抽烟、吸毒等不良习惯。⑤脱离高度危险环境和污染环境，保证人身安全。

二、行为的概念

(一) 行为的定义

行为（Behavior）是指在内部环境或者外部环境刺激下，人或者动物产生的一系列反应，即在内外环境发生改变的情况下，有机体所产生的心理和身体上的变化。

(二) 行为的含义

人类为了保证自身的生存状态，延续自己的种族，从而与环境之间发生相互反应，形成人类行为的基本规律。人类行为具有三种层次的含义：第一，行为是一种活动的动态过程；第二，行为可以呈现某人当时的状态；第三，行为能够表现出某人所具有的特征。如某个人主动接过别人递过来的香烟并开始进行吸烟的动作时，他的这种行为说明了其吸烟者的身份，吸烟这一活动是他的生活习惯，这种行为是吸烟者所具有的明显特征。

(三) 行为的表示法

伍德沃斯（Woodworth）是美国著名的心理学家，他的"行为表示法"备受推崇，具体表现为：S（stimulus）—O（organism）—R（reaction），即（刺激—有机体—反应）。

三、行为的分类

人具有生物性和社会性，因此，人类的行为分为以下几方面。

(一) 社会行为

人类的社会属性决定了人的社会行为，主要受社会环境的影响。在社会化的过程中，个人会与周围的环境不断进行适应，这种示范行为来自于大众传媒、家庭、单位、学校等环境。

人要想在社会上生存，就必须要意识到自己的行为是被社会所接受和理解的。在这个过程当中人不断地学习、模仿、与别人交往、接受社会教育等，能够使自己的行为符合社会道德规范，具有某种社会意义。

（二）本能行为

人是自然生物，如探究行为、睡眠行为、攻击和自我防御行为、性行为、摄食行为、追求刺激行为等，都受本能行为所驱使。

人的本能行为因其受到文化、心理、社会诸因素的影响，与动物的本能行为有本质的区别。如人在困乏的时候会想要睡觉，但是不会不分时间、地点、纪律等随时随地睡觉，人会压制住睡觉的意识，并采取一定的措施规范行为。

四、大学生健康行为的常见阻碍——吸毒

危害人类生活的一大公害就是毒品，也是危害世界各国发展的毒瘤。1997年联合国国际麻醉品管理署在年度报告中提到，生产和消费毒品的人数每年以3%~4%的速度在持续增加，约占世界人口的10%。世界上每年因吸毒而死亡的人数高达十万次，而因毒品失去劳动行为的人更是超过一百万人。

药瘾是指反复使用某种药物所引起的一种周期性或者慢性中毒的状态。导致药瘾的药物包括鸦片类、镇静催眠类、兴奋剂、致幻剂等。由于非医疗需要而非法使用这些成瘾药称之为吸毒。晚期癌症病人会因为癌细胞的扩散产生巨大的疼痛，而杜冷丁和吗啡之类的药物可以帮助病人止痛。医院往往从人道主义角度出发，会给病人使用这样的镇痛剂。国家卫生部门应严格控制这类处方药的流出，禁止这些药物被非法分子获取。

（一）吸毒的危害

1. 吸毒对社会的危害

毒品的泛滥已经危害到国家的安全和健康发展，而不仅仅是危害人的身体健康。毒品会带来其他类型的犯罪。它作为一种国际性的公害事物，带来了一系列的家庭矛盾问题，并使社会发展遭受巨大损失，可以从以下几个方面进行分析。

（1）经济损失：毒品具有的肆意侵害性，使人们开始注意到吸毒对社会经济带来的巨大危害。毒品对社会财富的消耗是令人震惊的。大多数发展中国家为消灭毒品的存在消耗了巨大的经费，并在一定程度上阻碍了经济的发展，尤其是吸毒者在社会工作中带来巨大的损失，会比正常人高出3~10倍。

（2）人力资源上的损失：吸毒会造成人力资源的损失，吸毒会导致吸毒者生病或者是死亡。对任何国家来说，劳动力都是经济生产的主要力量，而青少年是国家未来发展的希望。毒品损害了成人创造财富的能力，会让青年一代丧失希望，使他们在肉体和心灵上饱受折磨。这种无形的损失是无法估计的。

（3）其他损失：毒品不仅会消耗社会财富，损害人力资源，还会带来其他无形的损失。首先，毒品种植必然会侵占发展中国家的农田种植数量，从而降低粮食产量，使国家经济蒙受损失。其次，毒品的加工和生产都是非法的，所以一般都是秘密进行，生产条件比较简陋，容易发生环境污染事故。最后，毒品的泛滥会影响国家树立正确的价值观。

2. 吸毒对身体的危害

（1）大脑病变：根据科学研究显示，毒品会损伤人的大脑结构，并在一定程度上损伤神经组织。

（2）心脏病变：心脏是人体的重要器官，而毒品会对心脏产生损害，并攻击人体循环系统，引起血压下降，心率过缓等问题。

（3）消化系统：吸毒者一般比较瘦弱，这是因为毒品使胃肠道平滑肌和括约肌能力升高，使胃的蠕动能力减弱，产生吸收障碍，没有食欲，使人的身体无法正常吸收营养。

（4）传染疾病：毒品会攻击人的免疫系统，使其抵抗力下降，从而产生各种疾病。

（5）传播艾滋病：吸毒者所使用的注射器往往没有经过专业的消毒措施，会使病毒通过血液或者是性交等形式进行传播，导致吸毒者感染上艾滋病毒。

（6）自伤、自杀、自残：吸毒者在毒瘾发作的时候会产生巨大的痛苦，为了摆脱这种痛苦，吸毒者一般会采用自杀、自伤或者自残的形式减轻痛苦。

（7）加速死亡：吸毒者为了自身的快感，往往过量吸食毒品，会引发中枢神经系统的损伤，并导致人体死亡。在有的毒品中会混杂有害物质，使人体产生过敏性休克等情况。

（二）大学生吸毒的危害

如前所述，毒品给社会和个人都带来了巨大的危害，前联合国秘书长安南认为，毒品正在侵害社会和世界，正在摧毁青年一代和未来的希望。大学生身心尚未发育成熟，一旦染上毒瘾，对个人健康和社会的危害将更加严重。

1. 引发青少年刑事犯罪

吸毒需要大量的资金作为支撑。根据调查显示，吸毒者每天要花费一百到一千元，才能满足吸毒欲望。吸毒者为了筹集吸毒资金，一般会采取非法方式获得钱财，导致了其他违法犯罪行为的发生。据某家戒毒所介绍，在吸毒者中有80%以上的人，有偷盗、贪污、抢劫、贩毒、诈骗、淫乱、受贿、图财杀人等犯罪行为。女性一旦沾染上毒品，90%以上有卖淫行为。所以因吸毒而产生的犯罪行为日渐增多，成为了危害社会安全的重要原因。

2. 传播多种疾病

吸毒者常常采用静脉注射、肌肉或皮下注射的方式吸毒。这种方式因多人共用未经消毒的注射器和针头而传播各种皮肤病、性病甚至艾滋病等多种疾病。

3. 摧残身心健康

青少年时期是人生的黄金阶段，本应将精力集中在学习上。在生理、心理没有完全成熟的情况下，当毒瘾发作时，身体和心理都会受到巨大的折磨，但是又没有钱去购买毒品，所以往往会采用切手指、断胳膊等自残方式来缓解毒瘾发作带来的痛苦。一些青少年甚至因吸毒过量而直接导致死亡。

（三）青少年吸毒的特征及动机

我国青少年吸毒问题日益突出，主要表现在以下几个方面。

1. 文化水平偏低

根据各个地区登录的吸毒者信息可以看出，他们大多具有小学、初中的文化水平，文化程度较低。

2. 多为结伙吸食

20世纪90年代以来，青少年开始结伙吸毒，导致青少年吸毒数量迅速增加。结伙吸毒与单人吸毒相比，更能相互影响，危害性更大。

3. 人数急剧增加

20 世纪八九十年代，青少年吸毒的数量迅速增加，根据相关统计显示，在我国县、市中，有吸毒问题的县、市已经占 70% 左右。

4. 吸毒贩毒交织

很多人都是从沾染毒品开始，最后成为了贩卖毒品的人员，进入了毒品犯罪的行列。一开始他们只是单纯的吸毒，其收入能够满足吸毒的花费。但随着毒瘾的不断扩大，需要越来越多的资金作为支撑，便会选择贩毒这一途径来满足花销。他们从吸毒者变成了贩毒者，成为贩卖毒品当中的一环。贩毒和吸毒犹如两朵罪恶的"双生花"，二者之间恶性循环，产生了极其恶劣的影响。

5. 毒品种类多样

从目前各地吸食的毒品种类来看可谓多种多样，以海洛因为主。武汉市在近两年对娱乐场所的突击检查中，查处的涉冰毒案件已超过 500 例，并呈逐年上升之势。在一些舞厅、酒吧，摇头丸、K 粉已成为不少"瘾君子"的新宠。

6. 复吸比率极高

毒品一旦沾染上便很难戒掉，一些吸毒者从戒毒所出来后还会回归到原有的吸毒环境当中，陷入"先吸毒、再戒毒、再复吸、劳教戒毒"的死结循环中。正可谓"一旦吸毒，十年戒毒，终身想毒"。

（四）大学生和青少年吸毒的原因

毒品危害如此之烈，引起大学生和青少年吸毒的原因主要有以下几个方面。

1. 交友不慎

人在生活中必然和周围的人发生交往，并在长期的交往中形成朋友关系。古语言：近朱者赤，近墨者黑。一个优秀的朋友会对自己的生活和未来产生很大的影响，同样与一个坏人做朋友，可能会使自己失去未来。所以青少年应慎重择友，不要因误交损友而耽误终身。根据相关调查显示，因受朋友引诱吸毒和看到朋友吸毒而产生好奇心理的吸毒者占 76.92%。

2. 家庭环境影响

环境在青少年的成长过程中起着重要的作用。青少年在良好的家庭环境中成长，有利于身心健康发展，而恶劣的家庭环境则会成为青少年犯罪的主要原因。家庭成员吸毒会直接导致孩子吸毒行为的发生。除此之外，父母离异或者是长期不在家，孩子无法享受正常的教育，或者是经济条件优异的家庭，父母对于孩子过度宠爱，无条件满足其物质需求，让孩子有足够的金钱去寻找毒品的刺激。这都是导致孩子吸毒的重要原因。根据相关调查显示，青少年吸毒和家庭环境教育间的关系非常紧密，因家庭残缺、父母离婚、得不到家庭温暖等原因导致孩子吸毒的数量占30%；因家庭成员吸毒而导致孩子吸毒的数量占28%；因为家庭纵容溺爱而导致吸毒的数量占到5%。

3. 精神空虚所致

青年阶段是人生的黄金时期，也是人生的"危险期"。这一时期他们的人生观、价值观、世界观尚未定型，正在体验着人生最激烈的情绪变化，最易受外界的影响。当陷入人生困境时，如恋爱失败、生活困难、升学就业困难、人际冲突等问题时便会产生精神颓废、心灵空虚的现象。他们为了摆脱这种空虚，便会寻找各种刺激。毒品是一种可以在一段时间内填补内心空虚的东西，促使青少年从毒品当中寻找安慰，填补精神空虚，从而染上毒品这一恶习。

4. 好奇心理驱使

大学生的人生观、世界观和价值观往往还没有发展成熟，思想比较幼稚，并对世界抱有充足的好奇心，对于世界充满了无限探索的欲望，但是他们还没有辨别是非的能力。当听说吸毒后"其乐无穷"时便想试一试，从而一发不可收拾，被毒魔死死缠住不能自拔。很多学生知道毒品的危害，但是抱着一种冒险和侥幸的心理开始吸毒。贩毒者利用学生这种猎奇心理，使用各种方法诱骗他们购买毒品、吸食毒品，最终成为长期毒品购买者。

（五）吸毒的控制

强制性的法律手段和行政手段是控制吸毒的关键。我国20世纪50年代扫除鸦片有很成功的经验，达到过全社会根除的效果。对于青少年吸毒的预防，主要的措施如下。

1. 杜绝毒品来源

要想吸毒首先要获得毒品。如果把毒品的来源斩断干净，那么吸毒现象也会随之消失。这也是防止青少年吸毒的最直接的办法。

2. 做好戒毒工作

扩大宣传教育，使学生们明白毒品的危害，远离毒品，对于已经吸毒的青少年，做好戒毒工作，帮助他们早日摆脱毒品。

3. 加强宣传教育

有的学生因为好奇吸毒，有的学生因为心灵空虚而吸毒，有的学生因为不知道毒品的危害而吸毒。所以要加强对青少年吸食毒品危害的宣传，使青少年能够自觉地远离毒品。借助大众媒体的力量，如杂志、电视、广播、报纸等手段宣传毒品的危害、种类、性能，传播一些远离毒品的知识和方法，让禁毒观念能够成为学生的自觉行为。利用学校这个教育阵地，对青少年学生进行防毒、禁毒、远离毒品、珍惜生命的教育，让学生及时了解毒品知识，自觉抵制毒品。

五、大学生健康行为的常见阻碍——酗酒

酒是粮食或果实经发酵后制作的一种饮料。随着人们物质文化生活的丰富，酒的消耗与日俱增。根据调查，上海大学生的饮酒情况呈现三个特点：一是饮酒人数越来越多，年少者或女性饮酒的人数增加更明显；二是狂饮、暴饮的比例上升；三是酒类品种的高档化，品尝茅台、五粮液、人头马等中外名酒已不罕见。

要提倡完全禁酒是不现实的，因为酒不属于毒品。从某种意义上说，饮酒是一种活动的需要（如庆典、婚宴、联欢、送行），但酒带来欢乐的同时也会带来忧患和灾难。人们在工作、家庭或社会活动中遇到挫折或者不快，易出现过量饮酒的行为，这就是我们反对酗酒的原因。

长期、过量地饮酒称为酗酒。在大学生当中，酗酒人数已越来越多，特别是在同学聚会或者吃"散伙饭"的时候，酗酒现象非常普遍。

（一）酗酒造成身体中营养失调和引起多种维生素缺乏症

酒精当中没有任何营养成分，它会使喝酒的人食欲下降，从而阻碍营养的吸收。例如，会影响对 B 族维生素与叶酸的吸收功能。

在我国，酗酒是危害健康的重要因素之一，每逢节假日，急性酒精中毒增加，因酗酒导致的猝死情况也时有发生。因此，应加强酗酒有害健康的教育。

（二）酗酒对心血管系统的影响

酗酒初期会轻微胸痛、心律不齐，逐渐变成心脏扩大、心室衰竭。酒精会增高血压病，容易造成中风或继发性心脏病。酒精会降低脂肪代谢的速度，使甘油三酯和血胆固醇指标升高。大量的酒精会让心跳加快，血压上升，出现脑中风现象。大量长期喝酒还会让心脏脂肪化，影响心脏的正常运作。

（三）酗酒对肝脏的影响

大量的酒精需要通过肝脏代谢分解，势必加重肝脏的负担，久而久之容易引起脂肪肝或肝硬化。肝癌的发病也与长期酗酒有关。暴饮还会诱发急性胆囊炎和急性胰腺炎。

（四）酗酒对神经系统的影响

酗酒会加速脑部老化进程，损伤智力，情绪不稳定，注意力分散，导致错误的判断。实验证明，当血液中的酒精浓度达到 0.1% 时，会使人感情冲动；达到 0.2%～0.3% 时，会使人行为失常。长期酗酒会导致酒精中毒性精神病。

（五）酗酒对消化系统的影响

酒精会损伤人的胃黏膜和食管，造成黏膜充血、糜烂和肿胀，引发胃溃疡、胃炎、食管炎、食道静脉曲张、食道出血等问题。

（六）酗酒危害社会安全

酒精对中枢神经系统的作用表现是先兴奋后抑制，酒精中毒者往往先是兴奋、有欣慰感，后则出现口齿不清、动作不协调，甚至酩酊大醉。酒精会破坏肌肉的协调，使神经反应迟缓、注意力不集中，这时最容易发生事故，为生命安全带来影响。许多凶杀案、强暴事件及交通事故都与饮酒过量有关。据统计，世界上 1/3 以上的交通事故与酗酒及酒后驾驶有关。

（七）酗酒与药物的关系

感冒药、镇静剂、安眠药等如果和酒一起服用，会增强药物作用而产生危险。

六、大学生健康行为的常见阻碍——吸烟

吸烟是危害人体健康的原因，世界卫生组织将吸烟列为全球性流行病，并确认烟草是目前对人类健康的最大威胁。现代医学科学证明，烟草燃烧时会释放出一千多种化合物，绝大多数对人体有害，且有不少于44种的致癌物质。世界卫生组织已经证实，30%的癌症与吸烟有关。吸烟会导致心血管疾病、容易引起中风；吸烟会导致肺癌、肺气肿、慢性支气管炎等疾病；吸烟会导致男性失去性机能、会导致更年期提早来临并易患骨质疏松症；吸烟会导致牙齿及手指变黄、口臭；孕妇吸烟易导致胎儿早产及体重不足。

（一）吸烟的危害

1. 吸烟造成社会损失

也许有些人会认为"吸烟是国家一大税收"，其实，吸烟给社会带来的负担比它的税收贡献要大得多。因吸烟而引起的疾病所开支的医疗费以及劳动价值的损失远远高于烟的税收；此外，有1/4—1/3的火灾是由于吸烟不小心引起的。一个小小的烟头就可将宝贵的森林资源化为灰烬，造成人民生命财产的巨大损失，人是世界上最宝贵的财产，生命是无价之宝，不能与金钱相提并论。

2. 吸烟损害心脑血管

烟草中的一氧化碳是一种会干扰氧气交换利用的有毒气体，它与血红蛋白的亲和力比氧气与血红蛋白的亲和力强，吸烟会使得碳氧血红蛋白的浓度升高，影响红细胞输送氧气的功能，造成慢性氧气利用不够，进而影响中枢神经系统功能，同时会促进胆固醇增多、加速动脉粥样硬化、影响心脑血管的健康。

3. 吸烟对消化系统的影响

吸烟不仅会使消化道肿瘤的发生概率增加，如口腔癌、肠癌等更加容易发生，不容易为人们所重视的胃炎、消化道溃疡的发生也与吸烟有着密切的关系。烟草里的有害成分会抑制消化腺分泌消化液，使胃肠道的消化功能减弱，消化道黏膜的抵抗力下降，同时吸烟可以影响胃的排空，这样

更容易患溃疡病。吸烟还会增加患胃炎的机会，烟草中的尼古丁会使胃黏膜下血管收缩、痉挛，使黏膜缺血、缺氧。胃黏膜血流量减少是破坏胃黏膜完整性并导致胃黏膜损伤的重要因素之一。尼古丁还可使幽门括约肌松弛，运动功能失调，胆汁反流。反流到胃内的胆汁能破坏胃黏膜的自我保护屏障，造成黏膜糜烂，导致炎症。吸烟还会促进胃酸分泌，在胃黏膜屏障被破坏的基础上，胃酸又加重了胃黏膜的损害。

4. 吸烟危害他人健康

我国现有吸烟人口 3 亿多人，占世界总吸烟人数的 1/4。据全国抽样调查，被动吸烟率高达 39.7%，这样直接或间接受到烟草危害的人共有 7 亿之多。杜绝吸烟的恶习有助于人的身体健康，也体现了一个人的公共卫生道德水平。

青少年正处于生长发育时期，呼吸道黏膜容易受损，吸烟的危害性更大。据调查，小于 15 岁开始吸烟的人，比不吸烟的人肺癌发病率高 17 倍。所以，建议中学生、小学生都不要吸烟。

5. 吸烟对肺的危害最为严重

烟中所含的焦油是一种棕黄色粘性树脂，沉积在吸烟者肺中，容易引起肺癌。据临床统计，肺癌患者中 80%~85% 是因吸烟引起的，而戒烟会使得肺癌的病死率下降。除去可怕的肺癌，吸烟者在吸烟的过程中，呼吸道黏膜会受到刺激而发生问题，如烟中的尼古丁进入人的支气管可对支气管的纤毛产生抑制和麻痹作用，严重的可使其丧失活力甚至脱落，导致支气管黏膜受损。香烟的有害物质还会改变支气管黏膜的渗透功能，使得黏液分泌增加，从而引发咽喉炎、多痰、慢性气管炎、咳嗽等一系列症状。长期感染还会导致肺活量下降，产生胸闷气短等现象，造成肺功能不全、肺气肿和肺纤维化等疾病，损害心脏健康。

6. 吸烟影响孩子的健康

伤害未出世的胎儿。统计发现，母亲吸烟的胎儿出生后幼儿成长期及智力发育等方面均会受到影响。在癌症的发生方面，研究发现，母亲在怀孕期间吸烟或被动吸烟，胎儿出生后在儿童期间与没有被动吸烟的儿童相比，发生癌症的危险高 1 倍。家庭成员中有人吸烟，孩子的健康也会受到损害：有资料表明，父母一方吸烟，儿童患支气管炎和肺炎的危险性增加 50%，此外还会增加孩子发生哮喘和发生中耳炎疾症。

7. 吸烟增加癌症的发生概率

吸烟可以引起口腔癌、喉癌、唇癌、肺癌等许多种癌症。现代研究发现，生殖器癌的发病也与吸烟有关，还会增加膀胱癌发生的危险。美国在对16544位女性进行长达4年的跟踪研究后发现，吸烟女性比不吸烟的女性患乳腺癌的机会要高出30%。

（二）对吸烟危害的预防

对吸烟危害的预防应采取综合性的措施，其中包括对群众的健康教育、立法和"治疗性"戒烟，而健康教育是这一综合措施的重要一环。对吸烟人群进行健康教育时要注意其吸烟的社会心理动机，这种动机不消除，教育的效果就不好。要使吸烟人对吸烟危害有"恐惧感"，必须造成一种"社会歧视"的吸烟环境。利用现代传媒、广告等宣传手段宣传吸烟的危害和戒烟的方法。此外，开展禁烟宣传教育需要从小学开始，中学、大学阶段均不可放松，减轻学生的身心负担、丰富学生的文化生活、开展健康有益的业余活动是控烟运动的有效措施。

（三）我国大学生吸烟现状

学生初次吸烟年龄的高峰处于高中阶段。这一学习阶段的学生辨别是非能力较差，有叛逆心理，容易因好奇和感觉生活无聊而开始吸烟。随着学生零用钱的增多，吸烟率也随之升高。大学生吸烟的主要动因依次为提神醒脑、交际应酬、模仿好奇和受人影响等。

第三章 大学生体育锻炼与健康

大学生体育锻炼与健康目前已经受到很多现代高校的重视,本章内容将主要通过大学生体育锻炼与心理健康、大学生体育锻炼的营养补充和大学生体育锻炼的卫生保健进行分析。

第一节 大学生体育锻炼与心理健康

人的身体是否健康可以通过对一些生理活动指标的测定来获得,如体温、血压、脉搏、血液成分等。而人的心理是否健康却不易找到一个大家公认的标准。

健康管理是指包括身体的、精神的、社会的诸多方面因素所维持的平衡状态。世界卫生组织对健康的定义为:健康乃是一种在身体上、精神上的完满状态及良好的适应能力,而不仅仅是没有疾病和衰弱的状态。

一个人只有躯体健康、心理健康、社会适应性良好且道德健康,才是安全健康的人。

一、体育锻炼对于心理健康的积极作用

体育锻炼不仅可以强身健体,还能够促进人的心理健康,消除人的消极情绪(包括抑郁、消沉、悲伤、疲惫、沮丧等),培养人的积极情绪,满足人的心理需要,使人保持精神上的愉悦。体育锻炼对大学生心理健康的积极作用主要有以下几个方面。

(一)实现自我价值

人的心理需要多种多样,其中,自我价值的实现是人的一种高层的需要。自我价值的实现,可能在事业上或生活中难以达到,而在运动的过程中人们可以充分开拓自己的固有潜能,走向自己所能达到的高度。运动给参加者以强烈的情绪感受,从另一个角度实现了参与者的自我价值,使人

获得精神上的愉悦。

体育锻炼能愉悦人的精神，保持健康的体魄，对学习效率、生活、生命质量的提高有着十分重要的意义。体育锻炼对人体的长期益处是：可降低某些疾病的发病率，如心脏冠状动脉类疾病、糖尿病、骨质疏松、结肠癌、高血压和中风；有助于人体抵抗精神疲劳、较好地适应和调整应激、降低焦虑、提高睡眠质量；对维持自尊、自信和自重等良好心理状态，享有较高的生活质量等方面具有积极的作用。总之，体育锻炼能够改善情绪，调节精神状态，促进身心健康，是大学生心理保健的一剂良药。

（二）增强社交能力

通过运动尤其是户外运动，人与人之间相互沟通，可以改善人际关系，增进了解、增加交往。

（三）宣泄功能

大量的实验表明，在身体活动时，你可以释放内心压抑，忘却烦恼。

运动可以释放人的心理能量，促使人的心理平衡，同时也给人带来身心上的愉悦。人在社会生活中必然会遭遇到各种各样的精神压力，运动使人从所遭受的逆境压力中解脱出来，人在直接参与或观看这些运动的过程中，情感得到宣泄。

（四）提高心理素质

运动中你能体会到成功的喜悦和失败的沮丧，进步的欣慰和失误的悔恨，这对磨炼自己、增强心理承受能力有着积极的作用。一些技巧性的运动，如单双杠、跳马等，有助于人们克服害怕风险、害怕失败的胆怯心理，培养人勇往直前的大无畏精神；长跑、游泳、举重等需要耐力或爆发力的运动，可以锻炼人的意志；跨栏、跳高、乒乓球、羽毛球等运动，可以培养人果断的性格；而棋类、太极拳、散步、慢跑等缓慢、持久、柔和的运动，则有利于增强人的自我控制能力，稳定人的情绪。

（五）调节生活

在激烈竞争的现代生存环境中，面对单调而繁忙的工作和学习，参与运动或观看竞技比赛，可以使你的生活得到有效的调节，消除精神疲劳，丰富生活且提高生活质量。

二、大学生心理健康的标准

国外心理学家米尔曼曾经提出心理健康9条标准：（1）有充足的心理安全感。（2）对自己有信心但不盲目自信，充分了解自己各方面素质。（3）有自己的理想和追求并能脚踏实地。（4）有健全的人格特征。（5）能够从实践中总结经验和教训，使自己不断取得进步。（6）能够在一定程度上理解他人，与周围的人及朋友建立和谐的人际关系。（7）能够理性释放自己情绪。（8）在合理范围内适度发挥自己的个性。（9）在道德、法律以及其他社会规范约束下，实现自我需求。

美国的坎布斯认为健全的人格应该具有以下特征：（1）健康积极的人生态度和自我个性。（2）能够恰当地容纳他人。（3）勇于承认并接受现实。（4）能够在生活中积累经验，并从中获益。

人的心理活动是一个不断发展和变化的过程，因此一般认为心理健康是一种保持动态平衡的心理状态。心理健康的人并不是永远不会有痛苦和烦恼，而是在遇到挫折和失败时能更多地表现出积极适应的倾向，使自己保持生命活力，以便能充分发挥身心潜能而给自身带来快乐和成就。

根据我国大学生的心理活动特点和社会对于他们的需要，心理健康的大学生应具备以下心理品质。

（一）心理行为符合大学生的年龄特征

大学阶段是大学生逐渐走向成熟和心智发育的重要时期，他们的心理行为应与其年龄和角色相适应。在这个时期，大学生心理健康应注意以下几个方面。

1. 整体协调性

整体协调性是指一个人的心理活动应与其外在表现呈现出协调一致性。从心理学角度分析正常人的心理活动，应与其外在行为活动一致，这样能够在对客观世界反应的过程中，保持一致性和准确性。经验证明，对事物的认识是从心理反应开始的，意志行为是人的行为能力的体现，情感介于认识和意志行为之间，也是人类长期行为的结果。从心理行为因素分析，如果两者之间不能协调运作，会产生心理问题。每个人都是独立的个体，在长期生活环境中逐渐形成自己的性格特征，如果没有特别的外部环境影响，这种性格特征不会发生改变。现实生活中，可以根据不同的性格特征划分为不同群体，每个群体间心理健康的标准也不相同。

2. 标准的相对性

实际上，心理健康和不健康没有严格划分，两者之间有一个转变过程，如果把心理健康比作白色，而心理不健康比作黑色，那么这个中间地带就是灰色，而大多数人都在这个缓冲区域。也就是说，几乎每个人都存在或多或少的心理问题，在遇到挫折时，心理难免会有问题产生。在成长路上的大学生也是这样，应以一颗平常心对待，平时注意自我调整，加强自我防范意识，及时自我干预并进行疏导。心理状况并不是静止不变的，它很容易受内外环境因素影响而发生变化，一旦产生心理问题，只要正确面对就会逐渐消除。

3. 发展性

对心理健康评价标准的要求，是一种比较理想的状态，这个标准向人们展示了衡量心理健康的尺度，让人们为了提高自身心理素质而努力。在实际工作学习中，对于大学生来说只要能够进行正常的学习与生活，就达到了心理基本健康的要求。一旦影响了正常学习和生活，就要及时调整。

（二）人格完整

人格是指具有前后一致稳定的心理特征。人格完善是指具有正常的人格特征，个人的心理活动与其行为表现协调一致。它包括人格要素健全统一，能够对自己进行恰当评价，没有不符合常规的思想与言行，把正确的人生观和价值观看作人格魅力而努力实现，以此为思想与行动的核心，并将目标、需求以及行动进行统一整合。

（三）情绪健康

情绪健康是指心情愉悦和情绪能够正常表达。它包括积极向上的情绪大于不良情绪，胸怀宽广，遇事能够积极面对，对未来抱有希望。日常生活情绪正常，能够合理释放自己情绪，也能控制自己情绪，恰当地表达情绪是生理需要，同时也应该在一定的道德和社会规则范围内。适度表达情绪，应该与时间、地点相符合。

（四）社会适应正常

个人要与自身所处的社会环境取得平衡，平常要以积极的态度面对生活，能够在实践中获得正确的生活观念，并以合理的方法解决遇到的问题。

（五）智力正常

智力是人正常行为能力的体现，是人的思维能力、观察能力、创造能力以及记忆力、想象力的统一。它包括在实践经验中总结知识的学习能力，在书本中获取知识并保持知识的能力，能够对新环境快速适应的机智反应能力以及根据现有经验合理处理问题的能力。这些都是正常智力行为的表现，是大学生必备的心理基础条件，也是与社会环境相适应的客观需要。所以，一个大学生正常的智力表现应体现在以积极的态度面对学习生活，乐于并善于学习，有对知识渴求的欲望。

（六）人际关系和谐

和谐的人际关系对大学生健康成长是非常重要的，也是未来人生幸福美满的基础。它的表现有愿意与他人沟通交流，并建立正常而广泛的人际关系，有很谈得来的知己。在与朋友交往过程中，能够保持完整而独立的人格，懂得交往尺度，不卑不亢；以健康的心态面对朋友和自己，善于吸取他人优点，正视自身缺点并能及时改正，能够容纳他人的缺点，愿意帮助他人；生活乐观进取，同时抑制不良情绪，交往过程动机端正。

（七）意志健全

意志是人的一种心理行为能力，是指人们在完成一项工作时，由选择到实施的心理活动。意志健全是指在行动中所表现出的自觉意识、顽强毅力以及较高的自制力。对大学生而言，意志健全主要体现在学习有目标性，能够根据自己计划坚定地向前推进并能及时解决各种问题；面对挫折能够以正常心态和合理的方式应对，在具体实施过程中可以控制情绪，不能害怕困难、固执而盲目自信，引起负作用。

（八）自我评价正确

以平和的心态看待人生，是大学生保持正常心理状态的首要条件。大学生在进行自我评价时，要摆正位置，客观公正清醒地看待自己，既不要因一时取得好成绩而高高在上，也不要因为遇到挫折而感觉低人一等，要以积极的心态勇敢面对现实，正确分析自己、容纳自己，在充分认识自己的基础上突破自己、创新自我；要立足现实、勇于且机智地面对，实现人生价值。

三、影响大学生心理健康的因素

一个人的心理发展贯穿其一生。随着年龄的增长和经验的积累,人的心理活动逐渐走向成熟。但是这种成熟并非意味着一个人的心理不再会有发展,也并非说明成熟的心理活动一定是健康的和不可改变的。在人的一生中许多因素会产生不同的影响。

(一) 家庭环境

家庭环境对孩子及其幼小心灵的影响是至关重要的。家庭的影响一般来自父母对孩子的教育态度、家庭氛围、家庭成员结构以及家庭经济状况等。

人的成长环境离不开家庭,父母的行为和态度潜移默化地影响着孩子性格的形成。良好的家庭氛围是培养孩子坚强心理素质的基础,家庭成员尤其是父母间的语言环境氛围,在孩子心中会留下深刻印象。

父母对孩子日常的教育方式,影响着孩子的心理状态和行为。开明、平等、民主的教育方式,有利于孩子良好心理素质的养成,而专横、自私、娇宠的教育方法,会对孩子造成极大的负面影响。

家庭成员的变化,如再婚家庭、单亲家庭,也会对孩子心理产生影响。此外,家庭经济状况对孩子的影响也是不可忽视的,尤其是家庭比较贫穷的孩子,会在心理上产生压抑感。总之,家庭环境对孩子一生的影响是深刻和长久的。

(二) 环境变迁

环境变化会对学生心理产生应激反应。对成年人来说,环境变化可能是日常生活的组成部分,他们已经非常适应这种变化,但是对于从小在一种环境中成长起来的学生来说,无疑是一种挑战。

随着年龄的成长、学业的进步,大学生逐渐从家庭环境中走出来,独立生活已经成为其人生重要课题,面对大学校园陌生的环境和新面孔,每个人的性格、习惯各不相同,需要彼此间不断磨合。而远离父母后所产生的心理落差,也应该认真面对。所以,新的环境下,人际关系的形成和适应最为关键。进入新的环境,要和不同性格特点的同学朝夕相处,怎样沟通协调,建立良好的友谊,对于大学生来说是非常重要的。

面对全新的环境,大学生要逐渐适应由于自身地位变化而引起的不适感。这种变化是多方面的,如新的知识内容和学习方法、语言表达能力以及个人发展规划等。新的环境、新的身份要求大学生重新审视自我,重新看待周围的同学和老师。每一个大学生都希望自己能够更加优秀。他们希望尽快融入新环境,同时也努力调整自己的心理状态。以往的新生入学教育对如何融入新环境比较重视,但是却忽略了新生心理自我调整方面的辅导教育。从近几年新生入学教育经验看,大学生在进入新环境后的自我心理调整,对于尽快适应新环境的影响更大。

综上所述,对于新环境的适应需要一个过程,这个新环境包括学习环境、生活环境以及人际关系环境等,这个过程需要的时间宜短不宜长,时间越短越能说明大学生具有较强的适应能力。

(三) 心理冲突

心理冲突是指人们在进行一项活动时产生相反动机,由此而出现心理矛盾的状态。心理冲突往往会使动机得不到满足,继而影响由动机向目标的转变,动机和挫折相关联,是产生心理应激的主要原因。造成心理冲突的原因是多方面的,既有大环境的原因,也有个体心理素质的原因。其表现有的具有群体性质,有的属于个人事业发展中的升学和工作以及学习与恋爱之间的矛盾冲突。

大学时期是人生重要的转折点,意味着就要脱离父母的照顾,摆脱个人与父母之间的依赖而逐渐趋于独立,继而从心理上建立起独立意识。面对学业以及未来规划,大学生也逐渐感受到肩上的担子越来越重,在心理转变的过程中难免会出现心理冲突。大部分心理冲突并不是对于事情本身是非曲直的判断,而是由人生十字路口的选择引起的。如考研和就业的选择,从事专业工作还是寻找其他机会的选择,这些都是心理冲突的表现。

(四) 人际关系

与中小学时代比较单纯的人际关系相比,大学时代的人际关系呈现多元化和复杂化趋势。陌生环境、陌生同学,同学之间性格差异、家庭背景差别、教育背景不同以及地域的生活习惯等不同,都需要在较长时间内逐渐磨合和适应。因此,新的人际关系建立是每个大学生需要面对的首要问题。师生之间、同学与同学之间的关系以及男女同学之间的关系,都需要在相互了解沟通的过程中,不断适应并建立起和谐的人际关系。

每个大学生都希望与同学和老师之间建立较好的人际关系,但由于处事经验的欠缺,常会感到一定压力,所以在与同学交往过程中,学习一些沟通技巧是非常重要的。人际关系的建立,与个人性格特点以及沟通方式有很大关系。大学生之间的融洽相处与个人自我认知和对他人的认知有直接关系。这种关系的建立具有两面性，一方面每个大学生都希望与对方建立真诚友好的人际关系，另一方面由于经验的欠缺，对这种关系抱有很大期望，甚至带有理想主义色彩，一旦在实际生活中遇到一点挫折，就会产生不满情绪，而这种不满情绪又会影响和谐关系的形成。因此，这种既希望又失望的心理状态交织在一起，影响着正常人际关系的构建。

大学阶段也是异性交往的黄金时期，很多大学生都渴望美好的爱情，因此异性交往是这一时期重要的人际关系。但是在与异性交往的过程中，要深刻解剖自己，清楚所要追求的目标和由此带来的后果。

（五）生活事件

生活事件是平时生活中发生的各种活动变化而引起的事件。它是生活应激反应，也是衡量心理和体质的一项指标。科学研究证实，如果发生连续一般性应激事件，其作用会累加，从而导致心理不适现象。大学生如果经过一系列人际关系后，会对心理产生负面影响。

平常生活中，重要的人际关系与大学生心理健康有着直接关系。重要的人际关系是和亲人、好友以及恋人之间建立起来的比较亲密的人际关系，这种关系对于个人的影响是非常重要的。这些关系一旦变化，会对个人工作或学习造成影响。

从一定意义上说，大学生在经历了一系列生活事件后，其适应能力会逐渐增强。每经历一次事件都会进行心理调整，从而引起生活变化，同时大学生的抵抗挫折能力也会逐渐增强。

（六）自我认知

每个人都向往美好的大学生活，在步入大学校门后由于学习生活与高中时代有着较大区别，自我评价也发生着变化。这些变化包括知识层面、学习成绩、社会经验以及生活和人际关系。这种对自己的认识会朝着两种情况发展，面对成就会产生骄傲情绪，而一旦遇到困难挫折，就会灰心丧气。因此，大学生正确认识自己是非常必要的。

在现实与理想中，大学生有着明显差距，这是建立在实践经验基础上的客观现实，如果对此缺乏认识，则会犯认知上的错误，不利于大学生心理健康成长。面对这一客观现实，如果大学生能够及时调整心态，树立正确的目标，从实际出发，符合现实需要，就能不断取得进步。如果逃避现实就会引起忧郁、消沉、彷徨的情绪，或导致放纵、玩世不恭以及对现实不满的消极情绪，严重的会出现悲观厌世和自杀倾向。

成长中的大学生应该充分认识到实现自我价值的重要性，认识到自身的弱点，在实践中充实自己，完善自己。但有的大学生在追求进步的过程中没能抓住重点，错失良机，没有实现理想目标，从而产生不良情绪。还有的大学生对自己缺乏信心，过于看重自身缺点，甚至碍于颜面，不愿让他人知道自己的缺点，从而缺少必要的支持，产生不安烦躁的情绪，不利于心理健康发展。

（七）学业期望

与中学时期相比，大学生的学习方式主要是自主学习，学生是学习的主体，教师对学生的学习进行辅导。这就要求学生不断总结学习方法，并形成良好的学习习惯，从而全面提高自身学习能力。

很多大学生在中学时期学习成绩优秀，对自己有着较高期望，但大学是一个人才汇集的地方，面对更加优秀的同学，在一定程度上产生了失落感，如果没有充分的思想准备，不能正确对待这种新变化，则会失去自信，继而出现自卑感，甚至会产生嫉妒心理和攻击他人的不正常心理。

随着社会发展，用人单位对大学生有了更高要求，这就要求大学生不仅要学习专业知识，更要学习一门技能，如汽车驾驶、考取计算机以及其他技能证书等，以提高竞争力。如果没有良好的学习方法、正确的学习态度、明确的学习目标，就不会取得好成绩。

四、大学生常见心理障碍和心理疾病的防治

大学生作为中国社会中文化层次较高的群体，一向被认为是最活跃、最健康的群体之一。然而，面对现代社会竞争的日益激烈，许多大学生开始感到不知所措，产生了心理上的不适应。据统计，大学生中因心理健康问题退学的人数占整个退学人数的30%左右，而且这一数字呈逐年递增趋势。由此可见，大学生的心理健康状况面临着严重威胁，心理健康已直接关系到大学生能否全面发展和早日成长。

有的学生面对生活和学习中所遇到的各种问题，有时某些刺激超出人的承受能力时，无法适应环境要求，就会引发变态行为或心理障碍。

（一）心理障碍的概念

心理障碍是对许多不同种类的心理、情绪和行为异常的统称。这些异常现象通常由心理的、社会的、生理的或药物的等多重原因造成，并以个体无法有效地适应日常生活为特征。心理障碍的表现形式多样，既可表现为各种心理过程的异常，也可以表现为明显的行为偏离，还可以表现为严

重的精神疾病。但无论表现为什么症状，心理障碍都严重地损害个人对环境的适应能力。

心理障碍是在实践中形成的概念，仍在发展变化中。将其视为一个心理社会概念，较之单纯的生物学概念更为合理，更为全面。对于一种行为的衡量标准，不同文化背景可以截然不同，如裸体，在西方认为没什么，而在中国文化传统中认为是有伤风化的。因此，判别心理活动的正常和异常是相当困难的。首先正常的心理活动和心理异常的差别只是相对的，并没有绝对的界限，几乎无法确定一种绝对的标准去度量错综复杂的异常心理现象。心理障碍表现受多种因素的影响，包括心理的、社会的、个体的因素。这些因素直接影响对心理障碍的判别。其中，经验标准、社会适应标准、症状和病因学标准及心理测验标准使用较为广泛。

（二）心理障碍的判别标准

1. 统计学标准和心理测验标准

这一标准来源于对正常心理的测量。一般心理特征的人，绝大多数居于中间部位的均值附近，即为正常，为常态分布，分布两端的小部分人为异常。一般来说，有心理障碍者，其对应的心理测量结果大多在异常范围，但也有例外，如低智商可视为异常，高智商虽在均值外，但不能视为异常。这种方法比较规范，易于比较和交流，但其标准不能绝对化。

2. 社会适应标准

依据是否遵循社会的行为准则，是否遵守伦理规范、价值观念和顺应社会风俗等标准，很难跨地区比较。关键看生活处理能力，遵守社会规则能力，处理人际关系的能力，工作、学习的能力能否与社会环境协调一致。

3. 经验标准

经验标准是以一般人的正常心理与行为作为参照，判断他人的行为属于常态还是变态；或者以自身的经验、体验评价他人的心理活动，鉴别是正常还是异常。这种标准受判别者知识水平、观察角度、情感倾向等因素的影响，具有较大的主观性、局限性和个体差异性。

4. 症状和病因学标准

有些异常心理现象在正常人身上是不存在的。如果出现了，就可判定为异常。例如，幻想药物中毒性心理障碍。这种标准以物理学、化学检查、心理测定及各种新技术方法为客观度量尺度，这一标准比较客观，但适用范围很窄。

(三) 几种常见的心理障碍

心理障碍是指影响人们正常行为和学习效能的心理状态。心理障碍的原因错综复杂，往往由多种因素交互作用而引起，常见的表现症状有以下几种。

1. 不良情绪

不良情绪一般表现为激动、烦躁、怨恨、心情压抑、痛苦与不安，属于暂时性心理障碍。这种不良情绪会影响目标的达成，如果不能够正确引导疏解，则可能引起新刺激，影响心理健康。如果长期出现这种现象，会影响大学生正常智力发挥。当出现不良情绪后，一定要以积极心态应对，并注意以下关键点。

（1）适度发泄出来，比如痛苦时，大哭一场；受委屈时，大吼几声；高兴时，跳几下。但必须有理智，注重场合，注意影响，不能由着性子。

（2）有意将不良的消极情绪转移到积极方面去，可交换环境，以达到某种超脱，如考前非常紧张、焦虑，可适当参加一些文体活动，如唱歌、跳舞、听音乐。

（3）要提高自身修养和情操，消解不良情绪。如确实有可喜、可悲、可忧、可恼、可怒、可怨的缘由，也要冷静分析，顺其自然地解决，分析明白后会发现事情并不像自己想象的那样，不必"过分"看重。

（4）争取别人的疏导和指点；用自我激励法，用明智的思想安慰自己，鼓励自己同痛苦和逆境作斗争，适当调整心理活动，使不良情绪缓解。

心理障碍是大学生多发症状，多为社会环境适应不良、人际关系紧张、性困惑、学习紧张、生活挫折、心理矛盾冲突、生活中的各种刺激反应不适等引起，表现为狂热、冷漠、压抑、焦虑不安、烦恼孤独、自卑自责、失眠、食欲差、固执等。

心理障碍是指心理疾病的一种症状或轻微异常。因此，既可分为神经症或精神病人的症状，也可分为正常人的症状。

2. 自卑

表现为做什么事情都无自信，总觉得自己低人一等，办起事来想竭其所能，而无其他明显神经质症状，在他人眼里似乎确实能力比别人差；可是事实上，他们一旦精神振奋起来，发挥了自己的能力，则证明他们的智慧和技能不比别人低，其原因是自我期望值过高，一旦受到挫折，便失去自信。他们为自卑感而苦恼，正说明他们具有强烈的进取心。仅有自卑感而没有痛苦，一般认为不属神经质症。其病因是因为心理与社会适应不良。

3. 社交恐惧症

社交恐惧症主要表现为不愿与陌生人沟通交流，不愿参与公众性聚会，见到陌生人会感到紧张、不知所措，甚至产生身体不适感。害怕参加聚会，担心说错话被人笑话，所以把自己封闭起来。这是一种常见的心理疾病，阻碍了大学生正常沟通交流，抑制了大学生正常能力的发挥，影响大学生正常工作和学习。

社交恐惧症随着阅历丰富和逐步的适应，多能逐渐消除，部分同学可辅以抗抑郁药治疗，并接受心理指导，激励自己多参加社交活动，以消除压力。

4. 失眠恐惧

主要表现是：入睡困难、易醒多梦，醒后入睡困难，常伴有疲劳、反应迟钝、注意力不集中、记忆力减退等症状。有人认为身心疲劳是由失眠引起的，于是加剧失眠，认为睡好觉一切问题就解决了，睡眠成为患者最关心的事，失眠成为患者最害怕的事。事实上他们并不是真正的失眠，据测试他们的实际入睡时间并不比平常人少。治疗的关键是养成顺其自然的态度，不可强迫自己快入睡，或尽量想多睡一会儿以弥补。每晚争取按时入睡，每天早上按时起床，坚持正常的工作和学习，不要依赖安眠药，真正失眠的时候才给予药物治疗，这样不知不觉就能克服失眠恐惧。

（四）心理障碍的分类

1. 未特定的精神障碍、心理发育障碍、精神发育迟滞

起病于童年与少年期的行为与情绪障碍。

2. 认识过程障碍

包括感觉障碍（感觉过敏、减退、消失和异常）；知觉障碍（包括错觉、幻觉）；思维障碍（如联想障碍、妄想、强迫症）；注意力障碍（如注

意力增强、减弱、涣散、褊狭；记忆力增强、减退、遗忘症、虚构症）；定向力障碍（如对周围的人时间、地点定向障碍和自我定向障碍）。

3. 脑器质性和身体疾病所致精神障碍

其是由颅内肿瘤、创伤、感染、血管病变等各种原因引起躯体疾病影响功能所致精神障碍。

4. 人格障碍、意识控制障碍与性变态

人格障碍的显著特点是人格特征偏离正常，对社会适应不良，明显影响其社会和职业功能。人格障碍一般开始于青少年，并一直持续到成年或终生。其包括分偏执型人格、反社会型人格、冲动型人格、表演型人格、强迫型人格等。

意识控制障碍，是一类仅为了获得心理上的满足，而要进行为社会规范不允许或给自己造成危害的行为。其包括纵火癖、偷窃癖、拔毛癖等。

性变态，指有性行为异常的性心理障碍，包括性偏好障碍、性身份障碍。

5. 精神分裂症

其是一组病因不明的精神病，多起病于青壮年，常有感知、思维、情感、行为等方面的障碍和精神活动不协调，一般无意识和智能障碍，病程多迁延。

6. 情感过程障碍

包括情感高涨、欣慰、情感低落、焦虑、情感脆弱、易激怒、情感迟钝、情感淡薄、情感倒置、恐惧、心境恶劣等。

7. 情感性精神障碍

包括狂躁症、抑郁症。发作症状轻者，达不到精神病程度，心境表现为高扬或低落，伴有思维和行为障碍、植物神经功能障碍。

8. 神经症及与心理因素有关的精神障碍

神经症为一组精神障碍，包括恐惧症、焦虑症、强迫症、抑郁症、神经衰弱，没有精神病病状。心因性精神障碍，包括心理创作后应激障碍，与文化相关的精神障碍。

9. 意志行为障碍

意志障碍和行为障碍，包括兴奋状态、木僵状态、动作刻板、离群行为、强迫性动作。

10. 可影响精神活动的物质所致的精神障碍

常见的酒类、鸦片类、大麻、催眠剂、镇静剂、抗焦虑剂、麻醉剂、兴奋剂、致幻剂、烟草、一氧化碳、某些药物、重金属和有机化合物。

11. 意识障碍

对周围的环境的意识障碍，包括意识清晰度降低（嗜睡、昏睡）、意识范围改变（意识朦胧）、意识内容改变（谵妄、梦幻状态、精神错乱）。

12. 与心理有关的生理障碍

包括睡眠障碍、性功能障碍、进食障碍、植物神经功能障碍。

（五）神经症的概念

神经症又名神经官能症，是精神病的一种，虽然也使用了"神经"两个字，但不是神经系统发生了"病"，而是大脑功能暂时失调造成的，它有别于精神病。一般精神病指大脑机能紊乱，病人思维、情感、运动、言语失常，功能紊乱，不能适应正常工作和生活。大学生在生活中应对神经病、神经症、精神病有一个科学概念。

1. 神经症的症状

精神易兴奋、易疲劳。易兴奋常见于神经衰弱、焦虑症。精神疲劳表现为精力不充沛，工作时间稍长就觉得疲惫不堪，注意力难以集中，不能持久，思维不清晰，记忆力差。精神易疲劳和易兴奋往往同时存在。

情绪表现为焦虑、恐惧、抑郁、易激动，是一种不愉快的情绪体验，见于焦虑症、恐惧症、抑郁症。

强迫症状，可有强迫观念、强迫情绪、强迫动作、强迫行为。这些症状可同时出现在同一病人身上，在强迫性神经症中表现最为明显。

疼痛是神经症的普遍症状。以颈部最多见，其次是腰背、四肢，持续性或波动性。神经衰弱以紧张性头痛多见，焦虑症除头痛外，还伴有腰背痛。

头昏。头昏是一个没有确定界限的模糊概念，患者把"头昏眼花"

"脑子昏胀"都归属为头昏。头昏、头胀、头痛三者多相伴出现，是神经症的常见症状。

心慌常见于神经症患者主诉。由于精神紧张等原因，因植物神经功能紊乱而出现心率加快，感到心慌。

另外，还表现为消化功能障碍，睡眠障碍表现为失眠、难入睡、易醒、早醒、多梦，以神经衰弱、焦虑症多见。

2. 神经症的原因

一般认为病因和诱发因素分为：生物因素、社会心理因素、社会文化因素三类。

（1）生物因素

包括遗传、年龄、性别及躯体状况，这些因素成了神经症的易患倾向，如疲劳、中毒、分娩。

（2）社会心理因素

精神紧张，各种社会生活事件的刺激都是神经症的促发因素。据研究，神经症患者发病前，一年内所遭受的精神刺激是正常人的1.7倍。神经症患者常见于情绪不稳和内向型性格的人，这类人多愁善感、焦虑紧张、心绪不宁、古板严肃、悲观、保守、孤僻等。

（3）社会文化因素

总体看来，脑力劳动者神经衰弱患病率要高一些；在普通人群中，易出现焦虑症和抑郁性神经症；经济文化发展比较落后的地区，癔症、头痛等类型和发病率有所不同。

3. 神经症患者的共同特征

（1）焦虑情绪：是病人的主观体验，表现为紧张、不安、心烦意乱、恐惧、害怕，还伴有交感神经的兴奋活动。

（2）躯体不适感：几乎所有的神经症病人都认为自己是一个不幸的人，常感到满身是病，需要别人的同情和关心，伴有情绪不稳和心情紧张。

（3）人际关系紧张：神经症病人放纵自己，又不能容忍别人，不能设身处地地为别人着想，以自我为中心，因此很难与人保持良好的关系。

（4）有自知力，能主动求医；无器质性病变；有社会环境的适应能力。

4. 神经症的药物治疗

必要时服用安定、利眠宁等镇静催眠药物，辅以针灸、理疗、音乐疗法。

5. 神经症的心理治疗

其包括个体心理治疗、行为治疗、家庭治疗。帮助患者了解和理解他们的症状，建立健康的生活态度和更为有效的应对技巧。合理安排休息时间，树立治愈的信心，消除相关的心理社会因素，积极参加集体活动。

（六）大学生中常见的几种神经症

1. 癔症

癔症又称歇斯底里，大多起病突然。主要表现形式有两种：（1）在转化反应中，心理障碍变成了身体障碍，导致身体的实际生理功能丧失，如手套型、靴子型、失明、耳聋、失语。有时痉挛、抽搐、手舞足蹈、瘫痪，而找不到器质上的原因。（2）分离反应，是指在一些情境中，人格的某些部分与另一部分分裂开来，以此方式进行自卫，如癔症性遗忘、癔症性梦游等。有时表现为人格交替意识障碍，情感爆发、哭笑无常、捶胸顿足、撕衣打滚，这种痛苦愤怒体验发作后部分遗忘。病因：由明显的精神创伤引起，同时与个体性格密切相关。这种病人想象力丰富而生动，感情色彩浓厚，反应强烈。治疗：以心理治疗为主，使用暗示疗法、催眠疗法、支持疗法。在精神兴奋时可给予冬眠宁或安定治疗。

2. 抑郁性神经症

抑郁症是一种以心境低落为主要临床表现的神经症，表现为悲伤、失望、自卑、孤独，对事物缺乏兴趣，整日唉声叹气、哭泣落泪，常伴有身体不适和睡眠障碍，病人内心痛苦，常主动求医，有自杀意念，但不决断，兴趣减退但不消失，并愿意接受表扬和鼓励，多与生活受到挫折、自尊受到伤害有关。患者一般情绪不稳，内向，多愁善感。治疗以解释、安慰、支持、鼓励病人宣泄内心苦闷、增强自信和自尊的心理治疗为主。

3. 强迫性神经病

强迫症是有意识地自我强迫和自我反强迫同时存在，以强迫观念和强迫动作为特征的神经症，二者冲突使病人很痛苦。如反复没必要地洗手、拖地或不停地思考某观念。强迫症患者往往办事认真，喜欢事事过细，力求尽善尽美，遇事胆小谨慎，明知没有必要，又不能控制自己。治疗以心理治疗为主，医生多作解释，提高对疾病的认识；药物治疗；本病多伴有焦虑和抑郁症，常用抗焦虑药。

4. 焦虑性神经病

焦虑症是神经症的共同表现，表现为每时每刻都感到高度的恐惧，同时伴有植物神经症状，如心率快、胸闷、呼吸困难、多汗、恶心、躁动不安。临床上把原发的焦虑症视为焦虑性神经症，有惊恐型障碍和广泛焦虑两种形式。

焦虑症是各种生活事件所造成的挫折而引起的。治疗以心理治疗和药物治疗相结合，先解释引导，去除病因，同时给予镇静药如舒乐安定等。

5. 神经衰弱

神经衰弱的主要表现是与精神兴奋相联系的精神疲劳、心情紧张、感觉敏感、怕声、怕光、情绪易激动、睡眠障碍、头痛、腰背酸痛、食欲差、记忆力差、学习效率低。学生中的神经衰弱，多为意志脆弱、过度思考、学习时间长、生活不规律、人际关系紧张所致。治疗：以心理治疗为主，合理安排每日生活制度，积极参加文体活动，消除相关的心理社会因素。必要时服用安定。

6. 恐怖性神经障碍

恐惧症是指对特定的人和事物发生与现实根本不对应的恐怖。恐怖发生时有显著的植物神经症状。一般恐怖症状女性多于男性，多发于青少年，起病急，如怕过桥，怕见某人、怕坐车、登高，怕蛇、鼠、青蛙等。某一事物引起一次恐惧发作后，遇类似事件，都可能唤起恐怖反应。比如小时候父母说蛇会钻入人体，之后见蛇蠕动就害怕。这类病人一般害羞、怯懦，与早期教育有关。治疗主要用脱敏疗法等行为疗法。

7. 疑病性神经症

疑病症指个人对自身的健康状况有强烈且夸张的关注，对一切不正常信号过于敏感。以持久的担心或相信自己患有一种或多种疾病为主要表现。患者反复检查，不断求医，医生的解释不能消除疑虑，为此焦虑不安，希望得到社会和家人的关心和同情。疑病症多为医源性疾病，患者看到周围的人患了某种病，联想自己可能会患某种病。此种病以心理治疗为主，医生要耐心细致地询问病史，详细解释检查结果，让患者认识到他的躯体确实无病，也可以做一些催眠暗示疗法。

（七）精神分裂症

此病是一种重型精神病，主要是脑功能紊乱，不是脑组织引起的精神病。该病占学生精神病住院的一半以上，是一种严重破坏学习思维能力的疾病。精神分裂症的发病与遗传因素有关，还与明显的精神刺激有关。据资料统计，有明显精神因素者占54%~77.4%，多见于青少年，表现思维障碍，意志力减退，情感兴奋、激动、紧张或突然情感爆发，可能有伤人或自伤行为；有的有幻觉或离奇想法，自知力受损害，不承认自己有病，总认为别人加害于他。治疗方法多采用抗精神病药物或电休克为主。

精神分裂症的症状十分复杂多样，一个病人一个样，但病人都有的共同症状特征如下。

1. 思维障碍

患者常有幻觉，他们可以把不存在的人与事编造得历历在目；感到自己遭人暗算，顽固地认为有人要跟踪、谋害自己，对客观事物往往错误理解；很难分清想象与现实。

2. 语言交流障碍

精神分裂症病人与他人交往有戒心、敌意，语无伦次。

3. 运动障碍

病人动作明显异常，做鬼脸、怪相、吐舌头、抽动，无休止地伸手臂、抓头发、咬自己，甚至可能做出一些正常人无法完成的动作，如悬空躺卧，金鸡独立数小时。

4. 情感障碍

评议简单，消极应答，面无表情，平淡冷漠，有时又情感无常，哭笑无常，有时显得惊恐万状。

（八）精神分裂症与神经症的区别

精神分裂症患者不承认自己有病，拒绝治疗；而神经症病人自己承认有病，主动求医求治。

神经症的神经机能紊乱是暂时的，治愈后情况良好；而精神分裂症的神经机能紊乱比较持久，治疗后易反复。

神经症患者生活能自理，有工作能力（癔病除外）；而精神分裂症患者无全部工作能力。

神经症患者无幻觉、幻味，而幻视、幻想；认为被人控制、会遭人暗算的幻觉只见于精神分裂症患者。

第二节　大学生体育锻炼的营养补充

一、运动项目与营养补充的特点

运动项目不同，需要的营养物质也不相同，接下来从四个方面进行具体论述。

（一）球类项目运动员的膳食营养特点

排球、冰球、篮球和足球等球类项目，对于运动员的技巧、力量、灵敏、耐力、速度等素质要求比较高。运动员运动强度非常大，需要进行大量的动作变化，所以他们的能量消耗比较高。要按照运动员的运动量为他们提供合理膳食，使他们有充足的能量进行运动，因此膳食营养要全面均衡。

运动员在激烈运动前的三到四个小时，一般会食用高碳水化合物的食物，这样才能够保证运动员营养不过度流失。运动员在大强度的比赛或者是训练之前，应该每过20分钟补充一次科学运动饮料，每次至少150毫升，还要补充维生素A、维生素B1、钾盐、维生素C和钙等微量元素，以保证糖原储备能够快速恢复。

（二）耐力项目运动员的膳食营养特点

长距离自行车、滑雪、马拉松、长跑等考验耐力的运动项目需要花费的时间长，对于运动员的消耗是非常大的。这样的运动没有时间间歇，动力强度小，需要大量的有氧代谢，所以经常做这些运动的人在营养补充方面需要注意以下方面。

（1）补充能量。如果能源消耗过大，会使运动员的运动能力下降，所以膳食补充要提供足够的蛋白质，比如牛羊肉、牛奶、奶酪等食物。这些食物含有丰富的蛋白氨酸。在耐力运动项目中，脂肪的转换率和利用都比其他项目高，所以从事这些项目的运动员所食用的脂肪，比其他项目的运动员要高，可以达到总能量的30%～35%，碳水化合物应该高于总能量的60%。

（2）补充液体。耐力运动由于运动量非常大，导致运动员大量出汗，如果不及时补充水分，会发生脱水现象。所以，运动员在运动之前、运动时和运动后都要及时补充适当的液体，使身体内的各个机能趋于稳定。

（3）补充钙和铁营养。从事耐力运动的运动员要适当补充铁和钙，因为这类项目容易让运动员产生缺铁性贫血。

（三）灵敏、技巧项目运动员的膳食营养特点

跳水、击剑、跳高和体操等技巧项目，需要运动员保持高度的神经紧张。很多运动的动作都是非周期性的，运动变化非常大，对于运动员的技巧、协调和速度要求较高。运动员会借助饮食控制自身体重，帮助自己完成复杂的动作。所以，从事灵敏性运动项目的运动员对于膳食能量的摄入要求比较低，但是他们的食物应该具有丰富的蛋白质，以保证正常的神经活动。这些运动员不应该食用过多的食物脂肪，而是需要补充适当的维生素A、维生素E、磷、维生素B族、钙等微量元素。除此之外，击剑、乒乓球等运动项目对视力的要求非常高，运动员需要保持高度的集中状态，所以他们要补充维生素A。

（四）力量项目运动员的膳食营养特点

短距离游泳、短跑、足球、有阻力的骑车、投掷、举重等运动项目，要求运动员具备一定的速度和力量，所以从事此类项目的运动员要及时补充优质蛋白质，让蛋白质的热量占到总摄入量的50%，并且还需要多吃水果和蔬菜，使体内碱储备得到提高。

二、运动与能量平衡

强健身体的核心在于身体的体重和脂肪保持在合理范围之内。缺乏运动或者运动量不足，可能会使人的体重超出正常范围或者肥胖，大量的饮食则会加重肥胖问题。成年人只有让热能摄入和能量消耗保持在稳定状态，才能够使自己的体重趋于恒定。

据有关研究显示，人的体重受定点调节。人的生理系统会根据一定重量进行调节，然而有人提出人的体重可以是一个预定的重量，没有所谓的适宜体重。人的体重是可以不断调整的。人类长期保持一个体重，是外在

环境和内在遗传两者相互作用所产生的结果。当热能中出现某一种常量营养因素不平衡时,则会使体重发生波动;当人的身体内能量产生不均衡现象时,身体为了保持自身环境的稳定,必须要重新建立起能量和常量营养素之间的新平衡。

新平衡状态可以使原体脂水平和原体重作为基础,也可以在原体脂和原体重水平不均衡的情况下重新建立。身体成分和体重的变化与脂肪代谢之间的关系非常紧密,然而身体成分的变化需要一定时间才能够显现。据科学研究指出,碳水化合物的增加可以使身体内的碳水化合物的氧化程度随之增加。改变食物中脂肪的摄入量,也会改变脂肪中的氧化量,但是这种改变非常小,在短时间内没有办法实现脂肪平衡。在很多情况下需要改变体内的脂肪含量之后,才能够让人的体重在新的体质状况下得到新的平衡。从理论角度看,要想使身体的脂肪含量减少,必须要借助运动增加脂肪的氧化量,或者减少脂肪的摄入量。

水、蛋白质、糖、脂肪、无机盐、维生素、膳食物质7大营养物质,是人生命活动的物质基础。人体活动的能量,是人吃的食物在人体内经一系列化学变化,进行物质代谢而得到的。人参加体育运动时,由于肌肉长时间的收缩和舒张及脏器活动的增强,能量消耗会大大增加。所以,体育运动可以促进人体的新陈代谢过程和提高机能活动水平,是增强体质的一种积极手段。

糖是生命活动中能量的主要供应者。糖在体内除供应能量外,还可以转变成蛋白质和脂肪。人进行体育运动,体内能量消耗大,肝脏储存的糖原便转变成葡萄糖进入血液,由血液输送到肌肉中供运动需要。经常参加体育运动,体内糖储备量增加,调节糖代谢能力加强,能使血糖在较长时间内保持稳定,提高耐力。

脂肪是人体细胞的组成部分,它包括甘油酯、磷脂和胆固醇三大类,是一种含能量最多的物质。它在体内氧化所释放出的能量,约为同量的糖或蛋白质的两倍。脂肪还可以起到保护器官、减少摩擦和保护体温的作用。脂肪过多对人体是有害的。经常参加体育运动,不但可以防止肥胖,还可以预防因人体脂肪过多而造成的疾病。

蛋白质是生命的基础,是细胞的主要组成部分,是体内能量的来源之一。肌肉收缩、神经系统的活动、血液中氧的携带和参与各种生理机能调节的许多激素,都与蛋白质有关。人体内有一类能加速各种化学反应进行的酶,其化学本质也是蛋白质。参加体育锻炼,能提高酶的活性,有利于增加人运动时身体内的能量供应和运动后消耗物质的补充。

水在人体的组成中含量最高,成年人体内含水量约占体重的65%,水不但能维持人体体温，参加体内的水解，促进物质的电离，在体内还有润滑作用。

三、运动与营养素

人类追求营养是为了让身体更加健康。各种营养可以促进身体发育，使人类繁衍生存。营养包含脂肪、碳水化合物、蛋白质、水、无机盐、膳食纤维、维生素等。每一种营养素都具有重要作用，人们只有摄入适当营养素并且合理搭配营养素，才能够保证人的身体健康。

人们要想让身体强健必须有合理的营养，再加上科学的锻炼，持之以恒，才能够使健身之路更加长远。如果把健身比喻成一条船，那么毅力就是能够前行的船桨，而合理的营养是使船前进的流水。只有人们的饮食更加科学，才能够保持最佳的健身。饮食营养是运动锻炼的前提，而运动健身是使身体更加强健的必经之路。

（一）健康营养要求与营养目标

1. 健康营养的基本要求

什么是健康的饮食营养呢？按照"中国居民平衡膳食宝塔"的要求，对成人而言，每天1杯牛奶（每天饮用相当于鲜奶300克的奶制品和相当于30克~50克的大豆制品）、两匙油（25克~30克）、300克水果（最好3~5种水果）、4份高蛋白（鱼、禽、蛋、肉等动物性食物，共计125克~225克，如鱼虾类50克~100克，畜、禽肉类50克~75克，蛋类25克~50克）、500克蔬菜、6克盐（2006年世界卫生组织将盐的上限改为5克）、7两粮食（即250克~400克，其中最好包括50克~100克粗粮）、8杯水（在温和气候条件下，生活的轻体力活动者每日至少饮水1200毫升以上，即最少应达6杯水）、九成饱、十千步（每天进行累计相当于步行6000~10000步的活动量，如果身体条件允许，最好进行30分钟中等强度的运动）。

对于病人、少年儿童、减肥者、60岁以上老人和孕妇等，普通饮食满足不了，或肠胃功能障碍吸收困难，或负担加重，这些情况下需要调整膳食结构和食物量，必要时补充维生素和矿物质，甚至全营养素（膳食宝塔中所标示的各类食物下限为能量水平7550千焦（1800千卡）的建议量，上限为能量水平10900千焦（2600千卡）的建议量）。

2. 营养目标

总体来说应注意做到：

(1) 增加糖类（碳水化合物）的摄取（应由原来占食物总量的46%~58%提高到55%~65%），而同时要不断减少单糖的摄入量。

(2) 减少总脂肪量（42%~30%）和饱和脂肪（16%~10%）的摄入量，摄入量应向下限看齐。

(3) 限制每天食物中胆固醇的摄入量，不超过300毫克/天。

(4) 降低盐的摄入量，减少50%~85%，只到每天仅仅摄入3克~5克，重体力活动者除外。

(二) 营养素

1. 水

水是人体内的营养素之一，它有以下主要功能：(1) 构造细胞原生质。(2) 平衡人体的体液。(3) 帮助人感知各种感觉。(4) 使人体体温保持在合适范围内。(5) 承载养分、激素和氧气，成为各种物质和细胞之间的桥梁。(6) 保护大脑和脊柱等重要器官。(7) 帮助人体减少脂肪，增加肌肉，保持旺盛的运动能力。

水与运动的关系：(1) 当人身体内的体液损失到体重的20%的时候，那么他的运动能力便会下降到10%到15%。(2) 当身体的体液损失到体重的40%时，那么他的体运动能力会下降到20%到30%。(3) 当体液消耗掉自身体重的一半时候，人们会产生焦躁情绪，注意力不集中，头疼不安，困倦乏力，那么在天气炎热的时候运动可能会产生昏厥。

同时身体要存储碳水化合物也离不开水，如果有1千克的碳水化合物存储在肝脏和肌肉，就至少需要2.7克水；如果一个人减少吃糖的数量，那么身体的碳水化合物会在一至两天内迅速降低，但是脂肪并没有减少。需要注意的是，要想减重0.45克的脂肪，必须消耗热量3500卡路里，虽然体重迅速下降，但是下降的只是水分，这些损耗的水分会很轻易被补充。体重的减轻只有消耗热量才能够达到。在减轻体重的整个环节中，碳水化合物应该是最后被减少的成分。

2. 碳水化合物（糖）

碳水化合物为人体提供了55%~65%的能量。在不同的状况下，低碳化合物会对人身体产生相对应的影响。比如肝糖在不断消耗的时候，会使人体产生低血糖症状，不断消耗的肌肉糖会让人没有精神，困乏不堪。在这个过程中，蛋白质会被分解，以糖的形式给身体带来热量。血糖如果太低，食用单糖含量高的食物，就会使血糖升高。

通常来说，每100毫升血液中，有80~100毫克的糖分是正常的血糖水平，如果血糖少于45毫克，则可以认定为血糖过低。在血糖过低的情况下，人们进行低体力运动会消耗脂肪，但不会大量消耗糖原，如果是高强度运动，会使肌肉糖原下降。欧美等发达国家所食用的食物含有很高热量，脂肪含量高，这样的饮食结构会给身体带来负担，提高心脑血管疾病、糖尿病、癌症的发病概率。所以，以植物性食物为主的膳食方式，可以降低以上疾病的发生概率。经专家研究证明，人们每天可以吃85克的全谷食物，如小米、绿豆、高粱、红小豆、薏米、燕麦、玉米、荞麦等，可以降低慢性病发生的概率，使人体保持正常体重。需要注意的是一定要保证每天主食的摄入量。

如果运动员摄入的糖量不足，会产生以下不良后果：在运动当中被消耗的糖原无法快速恢复，那么运动中的血糖水平无法保持正常值，使身体产生疲倦现象，导致运动员的运动能力下降。如果身体摄入糖量不足，会不断分解肌肉蛋白，降低体重。如果身体摄入糖量太低，会使脂肪新陈代谢的速度变慢，体液减少，食欲增加。

3. 维生素

要想人体生命正常维持，需要摄入维生素。维生素是人类不能缺少的营养物质，这种营养物质无法在体内自我合成起到辅酶的作用，在人身体中有13种不可或缺的维生素，可以保持身体正常运转。

维生素在食物中的含量非常低。维生素可以分为脂溶性和水溶性两种，这是根据维生素在水和脂肪中的溶解能力为分类标准。脂溶性维生素有维生素A、维生素D、维生素E和维生素K。这类维生素可以溶解到体内，储存于人体当中，不用随时从外部获取。然而，如果脂溶性维生素长期摄入量太多，会使身体机能受损，使精神紊乱，损伤人体肝脏等器官，这种症状被称为维生素中毒症。

水溶性维生素包含叶酸、维生素B、维生素C、泛酸、生物素等，可以通过尿液排出体内多余的维生素，因此一般不会发生维生素中毒的问题，但是水溶性维生素也不应该过多摄入，否则会对人体产生危害。每一种维生素都可以从食物中获得，具体功能及来源如表3-2-1所示。

表 3-2-1 维生素功能及食物来源表

维生素	功能	食物来源
B1	作为一种辅酶的组成，辅助能量的供应	全谷、坚果、瘦猪肉
B2	作为一种辅酶的组成，与能量代谢有关	牛奶、酸奶、奶酪、肉类、内脏、蛋类、谷类、蔬菜、水果
PP	促进细胞内的能量产生	瘦肉、鱼类、禽类、谷物
B6	氨基酸代谢，辅助细胞的生成	瘦肉、蔬菜、全谷、豆类、肝脏
泛酸	辅助糖、脂肪、蛋白质的代谢	全谷、杂粮、面包、黑色或绿色蔬菜
叶酸	作为核糖和蛋白质合成的辅酶	绿色蔬菜、豆类、全麦食物
B12	与核酸的合成，红细胞的形成有关	只存在于动物性食物中，而不存在于植物性食物中
生物素	脂肪酸和糖原合成的辅酶	蛋黄、黑色和绿色蔬菜
C	骨、牙齿、毛细血管间的营养	柑橘等水果、青辣椒、西红柿
A	与视力有关；形成和保持皮肤及黏膜；抗氧化剂，可延缓衰老	胡萝卜、甜薯、人造奶油、黄油、肝脏、蛋黄、有色蔬菜
D	辅助骨和牙齿的生长和形成；促进钙的吸收	蛋黄、海鱼、肝脏、精炼牛乳、鱼肝油
E	保持不饱和脂肪酸；保护细胞膜使其免受损伤	植物油、全谷、谷类、面包、绿叶蔬菜、豆类、蛋黄
K	对凝血起重要作用	绿叶蔬菜、豌豆、马铃薯

维生素可以保障身体健康，如 β-胡萝卜素、番茄红素、维生素 E、维生素 C 等，可以避免自由基损伤有机体。维生素 B2、维生素、维生素 B1、PP 等能够提高能量代谢的速度。根据有关研究表明，番茄红素的抗氧化能力非常高。番茄红素可以提高身体免疫力，保护心脑血管抵抗衰老，降低癌症的发生概率等。

人体只要保证均衡营养的饮食，则不需要特意补充维生素，日常饮食可以满足人体对于各种维生素的需求。同时，锻炼身体的人需要更加均衡的饮食。从长远看，让有机体不再借助额外补充的方式获取营养物质。需要注意的是，饮食均衡不仅能够提供合适的维生素，同时也能够提供蛋白质和无机盐。

4. 脂肪

如果人体摄入的脂肪太多，会引起身体肥胖、血脂增高，威胁心脑血管健康，还会使身体耐力下降，容易疲劳，也会不利于营养物质、蛋白质、铁的吸收。

如果摄入的脂肪不足，会导致身体缺乏脂肪酸、维生素E，进而妨碍脂溶性维生素的代谢吸收，损伤肌肉的细胞膜。

脂肪、蛋白质和碳水化合物都能够产生营养。在这些营养当中，和碳水化合物相比，脂肪更容易造成能量过剩。1克的蛋白质或者碳水化合物，可以在身体中产生约4卡路里的热量，但是1克的脂肪便会产生9卡路里的能量。也就是说，在相同的重量下，脂肪提供的能量是碳水化合物的2.2倍。

根据相关动物实验表明，如果动物是以低脂膳食的方式，不会产生肥胖。通过研究不限制进食的人群得出结论，实验对象在面对高脂肪食物时，需要摄入更多的食物，才能够满足食欲，但是提供高碳水化合物或低脂肪食物的时候，实验对象只需要摄入很少，便能够满足食欲。如米和面等富含碳水化合物的食物不会让人发胖，不容易产生能量过剩而造成肥胖。而能量过剩是造成肥胖的根本原因，脂肪摄入才会导致肥胖。

5. 矿物质（无机盐）

人体中的牙齿、骨骼和肌肉都是由矿物质所组成的。矿物质是身体中激素和酶的成分。电解质和无机离子可以调节身体机能，如平衡血中酸碱、传导神经脉冲、收缩肌肉、使心率正常、凝固血液等。身体如果缺乏矿物质，便会出现癌症、贫血、蛀牙、高血压、骨质疏松等疾病。一般矿物质一天所需要摄入的量是真正需要量的十倍，这是因为矿物质只能被身体吸收百分之十。需要注意的是矿物质有相互干扰特性，也就是说一种矿物质如果含量过多便会妨碍其他矿物质的吸收，比如钙与镁、锌与铜等。

矿物质非常重要，身体只需要很少量的矿物质，便能够保持身体正常运作。无机盐有两种：一种是微量无机盐，另一种是大量无机盐。人体每天需求量在100毫克以上被称为常量元素，比如钙、镁、钾、磷、钠等；人体每天需求量在100毫克以下被称为微量元素，如铬、碘、钒、铁、锌、铜、锰等。

在大量无机盐中，钙对骨骼起到非常重要的作用；钾和钠有利于神经肌肉的发展；镁可以参与人体内的酶的作用。在微量无机盐中，血红蛋白中的铁，是运输血液氧气的重要元素；腺垂体中的碘，是人身体正常代谢所必需的元素，还有锌、铜、硒是与酶正常作用有关的元素。人只要保证每天的饮食均衡，就能够保证正常摄取矿物质元素，然而有些女性会缺乏钙和铁，所以可以适当补充这类元素。

无机盐可以使人身体的体液保持酸碱平衡，使细胞的渗透压和细胞内外液容量保持稳定，调节人体体温，持续保持神经肌肉兴奋性，比如血钙含量太低便会导致抽筋。

矿物质缺乏和大量消耗对运动的影响包括：降低减脂效果；影响运动后疲劳恢复；运动能力下降；疲劳提早发生。

6. 蛋白质

蛋白质是人体中一种重要的组成部分。人体 16%～19% 是由蛋白质构成的，蛋白质在人体细胞当中所占比重为 1/3，蛋白质可以促进身体新陈代谢。人体每天都有 3% 的新细胞代替老细胞，产生蛋白质交换。除此之外，蛋白质还可以提供少量能量、修补旧组织、调节生理功能等。如血红蛋白、线粒体内的氧化激素、胰岛素、酸碱平衡、体液、凝血机制等，保护有机体的抗体和氨基酸，成为血脂蛋白的载体。同时，酪氨酸和色氨酸可以形成大脑中一种重要的神经传递物质。在人体从事高强度运动的时候，肌肉中的亮氨酸会被分解，为身体提供足够的能量。人在做健身训练的时候，蛋白质可以让人的肌肉更加发达，增加人的力量，还可以让人体内的分泌物保持在平衡状态。

如果身体对于氨基酸的需求得到满足，剩下的氨基酸是无法被储存在体内的，于是便会借助脱氨基，将氨基分解出来，这些氨基含有大量的氮元素。氨基会借助汗水和尿排出到体外。氮对人的肾脏和肝脏产生损害，会让人产生脱水现象，增加痛风病人的关节疼痛。

当肌糖原的储备十分充足的时候，蛋白质仅占总热量的 5%，而当肌糖原耗尽时，蛋白质可以占到总热量的 15%，为身体提供更多能量。

人们在减体重的过程中，体内蛋白质可以占到总热量的 20%～25%。这是因为脱氧核糖核酸，也就是 DNA 可以帮助蛋白合成，根据不同的运动项目合成不同种类的蛋白质。

7. 膳食纤维

膳食纤维作为一种粗纤维，它不能够被人体消化吸收，通常在小肠不被消化吸收，在大肠进行发酵。膳食纤维大致分为两类，一类是不可溶性膳食纤维，比如半纤维素和纤维素；另一类是可溶性膳食纤维，如树胶和果胶。

膳食纤维可以在食物中形成保护膜，可以预防心脑血管疾病，减少人体对胆固醇、单糖和甘油三酯等营养物质的吸收。

膳食纤维可以减轻人的体重，这是因为纤维遇到水会膨胀，会让人产生饱胀的感觉，使人的食欲下降。同时，膳食纤维没有任何热量，可以减轻体重。同时，消化吸收富含纤维的食物会消耗人体更多热量。膳食纤维可以预防糖尿病，可以减慢胰岛素的变化速度。膳食纤维还可以通便润肠，因为没有任何一种酶可以分解膳食纤维，不能够为人体提供任何能量，所以也被称为肠道的排毒小能手。

膳食纤维在食物中的来源有谷类、薯类、豆类、水果、植物性食物、蔬菜等，成年人每天摄取量约在30克。

（三）磷酸原供能系统

ATP、CP分子内均含有高能磷酸键，在代谢中均能通过转移磷酸基团的过程释放能量，所以将ATP、CP合称磷酸原。由ATP、CP分解反应组成的供能系统，称作磷酸原供能系统。

1. 磷酸肌酸的分子结构与功能

（1）磷酸肌酸的分子结构，如图3-2-1所示。

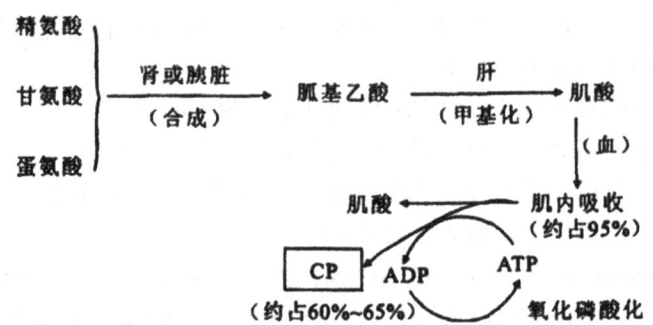

图 3-2-1　磷酸肌酸生成简图

（2）磷酸肌酸的功能：①高能磷酸基团的储存库；②组成肌酸—磷酸肌酸能量穿梭系统。

2. 磷酸原系统供能特点

（1）磷酸原系统的基本供能特点

启动：运动开始时最早启动，最快利用，具有快速供能的特点。

功率：最大功率输出。短时间极量运动时，磷酸原系统的最大输出功率可达每千克干肌每秒2.16~3.0毫摩尔-P。

可维持最大供能强度运动时间：6~8秒。

运动项目：与速度、爆发力关系密切。短跑、投掷、跳跃、举重及柔道等运动。

（2）不同强度运动时磷酸原储量的变化

①极量运动至力竭时，CP储量接近耗尽，达安静值的3%以下，而ATP储量不会低于安静值的60%。

②当以75%最大摄氧量强度持续运动时，达到疲劳状态，CP储量可降到安静值的20%，ATP储量则略低于安静值。

③当以低于60%最大摄氧量强度运动时，CP储量几乎不下降。这时，ATP合成途径主要靠糖、脂肪的有氧代谢提供。

3. 运动训练对磷酸原系统的影响

（1）运动训练可以明显提高ATP酶的活性。

（2）速度训练可以提高肌酸激酶的活性，从而提高ATP的转换速率和肌肉最大功率输出，有利于运动员提高速度素质和恢复期CP的重新合成。

（3）运动训练使骨骼肌CP储量明显增多，从而提高磷酸原供能时间。

（4）运动训练对骨骼肌内ATP储量影响不明显。

（四）糖酵解供能系统

糖原或葡萄糖无氧分解生成乳酸，并合成ATP的过程为糖的无氧代谢，又称为糖酵解。糖酵解供能是机体进行大强度剧烈运动时的主要能量系统，其基本代谢途径如图3-2-2所示。

功率：每千克干肌每秒1毫摩尔-P。

维持最大功率的时间：2分钟以内。

与运动项目的关系：速度、速度耐力项目；200~1500米跑、100~200米游泳、短距离速滑等项目；摔跤、柔道、拳击、武术等。

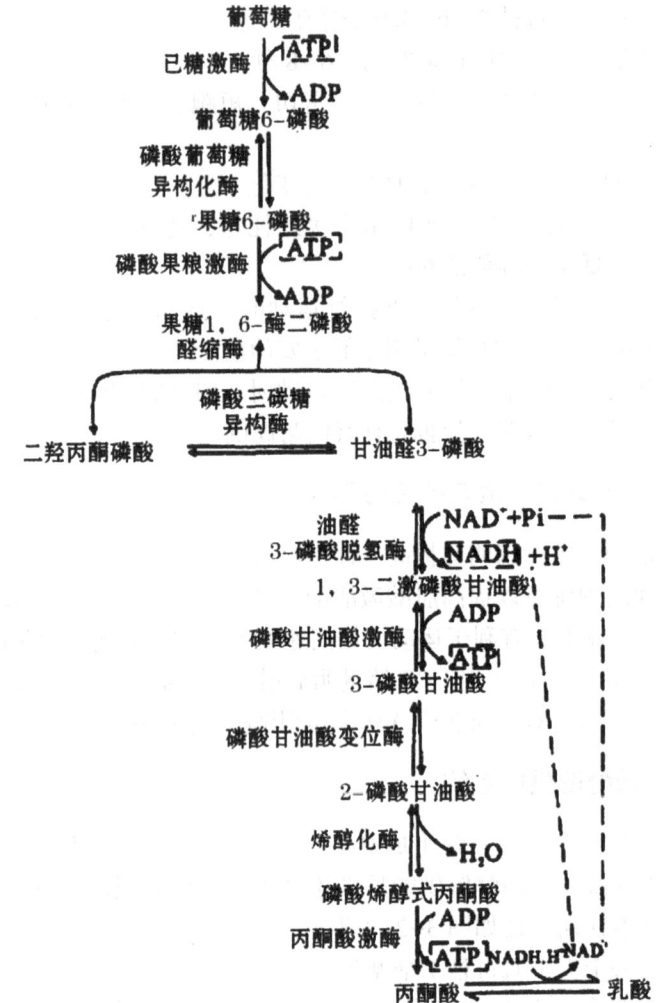

图 3-2-2 糖酵解的基本代谢途径

(五) 有氧代谢供能系统

有氧代谢需要氧气的参与,把糖、蛋白质、脂肪等营养氧化,最终生成二氧化碳和水,排出体外。

1. 糖有氧氧化供能

(1) 细胞质内反应阶段

反应过程及参与的酶,与糖酵解生成丙酮酸的完全相同。但丙酮酸和

3-磷酸甘油醛脱氢生成的 NADH·H$^+$，可经不同方式进入线粒体继续氧化。

（2）线粒体内反应阶段

丙酮酸在丙酮酸脱氢酶系作用下氧化脱羧生成乙酰辅酶 A。乙酰辅酶 A 与草酰乙酸缩合成柠檬酸后进入三羧酸循环。

（2）糖无氧代谢和有氧代谢的区别

表 3-2-2　糖无氧代谢和有氧代谢的区别

	糖酵解	有氧氧化
底物	肌糖原、葡萄糖	肌糖原、葡萄糖
产物	乳酸	二氧化碳、水
反应部位	细胞质	细胞质、线粒体
反应主要阶段	1. G（Gn）-丙酮酸 2. 丙酮酸-乳酸	1. G（Gn）-丙酮酸 2. 丙酮酸-乙酰辅酶A 3. 乙酰辅酶A-CO_2、H_2O
氧化方式	脱氢	脱氢
反应条件	不需氧	需氧
ATP 生成方式	底物水平磷酸化	底物水平磷酸化、氧化磷酸化
ATP 生成数量	3ATP、2ATP	36（38）ATP

（六）运动时的有氧代谢供能

表 3-2-3　运动时有氧代谢供能表

	糖	脂肪	蛋白质
底物	葡萄糖、肝糖原、肌糖原	脂肪	支链氨基酸
最大的供能功率	0.5mmol Pi·kg 干肌$^{-1}$·秒$^{-1}$	0.5mmol Pi·kg 干肌$^{-1}$·秒$^{-1}$	
维持时间	1～2 小时	无限时	
终产物	CO_2、H_2O	CO_2、H_2O	CO_2、H_2O、尿素
运动项目			

（七）运动时供能系统的动用特点

运动时代谢供能的输出功率取决于能源物质合成 ATP 的最大速率。运动中基本不存在一种能量物质单独供能的情况，肌肉可以利用所有能量物质，只是时间、顺序和相对比率随运动状况而异，并不是同步利用。最大功率输出的顺序由大到小依次为：磷酸原系统>糖酵解系统>糖有氧氧化>脂肪酸有氧氧化，且分别以近50%的速率依次递减。当以最大输出功率运动时，各系统能维持的运动时间是：磷酸原系统供极量强度运动6~8秒；糖酵解系统供最大强度运动30~90秒，可维持2分钟以内；3分钟主要依赖有氧代谢途径。运动时间愈长强度愈小，脂肪氧化供能的比例愈大。由于运动后ATP、CP的恢复及乳酸的清除，须依靠有氧代谢系统才能完成，因此有氧代谢供能是运动后机能恢复的基本代谢方式。

安静时，不同强度和持续时间的运动时，骨骼肌内无氧代谢和有氧代谢供能的一般特点如下。

1. 短时间激烈运动时的特点

在接近和超过最大摄氧量强度运动时，骨骼肌以无氧代谢供能。极量运动时，肌内以ATP、CP供能为主。超过10秒的运动，糖酵解供能的比例增大。随着运动时间延长，血乳酸水平始终保持上升趋势，直至运动终止。

总之，短时间激烈运动（10秒以内）基本上依赖ATP、CP储备供能；长时间低、中强度运动时，以糖和脂肪酸有氧代谢供能为主；而运动时间在10秒~10分钟内执行全力运动时，所有能源储备都被动用，只是动用的燃料随时间变化而异：运动开始时，ATP、CP被动用，然后糖酵解供能，最后糖原、脂肪酸、蛋白质有氧代谢也参与供能。

运动结束后的一段时间，骨骼肌等组织细胞内有氧代谢速率仍高于安静时的水平，产生的能量用于运动时消耗的能源物质的恢复，如磷酸原、糖原等。

2. 大强度运动时的特点

随着运动强度的提高，整体对能量的要求进一步提高，但在血流量调整后，机体对能量的需求仍可由有氧代谢得到满足，即有氧代谢产能与总功率输出之间保持平衡。在这类运动中，血乳酸浓度保持在较高的水平上，说明在整体上基本依靠有氧代谢供能时，部分骨骼肌内由糖酵解合成ATP。血乳酸浓度是由运动肌细胞产生乳酸与高氧化型肌细胞或其他组织细胞内乳酸代谢之间的平衡决定。

3. 长时间低强度运动时的特点

在长时间低强度运动时，骨骼肌内 ATP 的消耗逐渐增多，ADP 水平逐渐增高，NAD+还原速度加快，但仍以有氧代谢供能为主。血浆游离脂肪酸浓度明显上升，肌内脂肪酸氧化供能增强，这一现象在细胞内糖原量充足时就会发生。同时，肌糖原分解速度加快，原因有以下两点：（1）能量代谢加强；（2）脂肪酸完全氧化需要糖分解的中间产物草酰乙酸协助才能实现。

在低强度运动的最初数分钟内，血乳酸浓度稍有上升，但随着运动的继续，逐渐恢复到安静时的水平。

4. 安静时的特点

安静时，骨骼肌内能量消耗少，ATP 保持高水平；氧的供应充足，肌细胞内以游离脂肪酸和葡萄糖的有氧代谢供能。线粒体内氧化脂肪酸的能力比氧化丙酮酸强，即氧化脂肪酸的能力大于糖的有氧代谢。在静息状态下，呼吸商为0.7，表明骨骼肌基本燃料是脂肪酸，如图3-2-3所示。

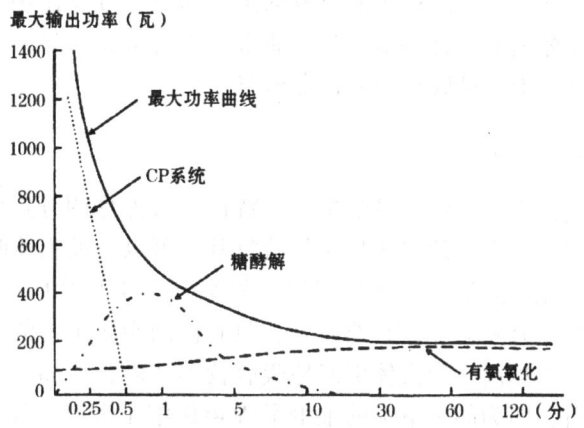

图 3-2-3　骨骼肌能量供应生化过程顺序和质量关系

四、大学生的合理膳食营养

（一）健康食物的搭配

合理科学的食物搭配会提高食物的营养价值，会让人体更加健康，但是如果搭配不当不仅无法吸收这些营养，还会给人类带来疾病。所以对于锻炼者来说，健康的食品就是合理搭配的食物。

1. 相克食物禁忌搭配

食物相克就是两种食物所蕴含的功效和营养成分发生相互制约。如果它们搭配不当，会导致人体无法正常吸收营养，严重时还会使身体出现中毒的症状。比如动物肝脏、蛋黄、大豆都含有大量的铁元素，当这些食物和含膳食纤维较多的甘薯、芹菜、萝卜和含草酸过多的雍菜、苋菜搭配同吃的时候，会使人体无法吸收铁质。

在中国的日常饮食中，有 120 多对相生相克的食物。这些食物如果搭配不当或是不合理地食用，人体就无法吸收食物中的营养素，甚至导致中毒。

2. 补偿性原料搭配

如果人身体当中缺乏某种营养素的时候，可以选择某种具有补偿性质的食物。比如女性朋友长痤疮、头发枯黄，就可以吃富含锌的酵母发面和对毛发生长有促进作用的葵花油煎成的黑芝麻饼，可以让痤疮消失，黑发亮泽。因为在体内的多种酶中，锌是非常重要的组成部分，可以促进身体新陈代谢，维持上皮粘膜组织的正常运作。

3. 荤素原料搭配

在中国烹饪当中，荤素搭配是一大特色，这种烹调方式色、香、味俱全，同时荤菜具有丰富的谷胱甘肽的硫氢基，可以帮助人体吸收蔬菜当中的营养素，还能够降低胆固醇的沉积。蔬菜中的维生素 E、维生素 A、维生素 K、维生素 D 都是脂溶性维生素，只有借助脂肪丰富的荤菜才能够使维生素的利用率提高，使人体更好地吸收营养物质，比如胡萝卜可以和肉搭配制作菜肴，因为胡萝卜里的维生素 A 可以溶于肉或汤汁中，然后被人体充分吸收，使人能够获取胡萝卜中的丰富营养。

4. 同性酶原料搭配

食物可以按照酸碱程度分为碱性食物和酸性食物，这种酸碱性的判别并不是根据味道，也不是按照食物溶于水的特性，而是根据食物被人体吸收之后代谢出来的产物的酸碱性决定的。

酸性食物具有很高的糖、蛋白质和脂肪，成酸元素比较多，在人体吸收代谢过程中容易形成酸性物质，降低血液中的 pH 值。而水果和蔬菜当中含有 Na、Mg、K、Ca 等元素，人体新陈代谢之后可以生成酸性物质，使血液向碱性方向变化。因此，水果虽然酸但不是酸性食物，而肉、鸡、糖、鱼等食物味道虽然不酸，但却是酸性食物。因此在食物搭配中，不要把需要酸性酶消化的食物和需要碱性酶消化的食物互相搭配食用，否则酸碱中和会让人体无法正常消化，从而失去食物的正常价值。

5. 混杂式原料搭配

粗粮与细粮搭配、主食和副食搭配、植物性食物和动物性食物的搭配才能够让营养更加全面均衡，使人得到适量的热量，提高食物的营养价值。

（二）健身运动的饮食原则

食物可以提供人体所需要的热量和营养，所以保持合理饮食是强身健体的基础，也是我们获得能量的来源。假如人体是一座建筑的话，那么建筑材料就是我们食物当中所需要的各种营养成分，也就是维生素、蛋白质、水、碳水化合物、膳食纤维、无机盐、脂类等。

适当的健身可以提高人体循环能力，同时合理科学的膳食搭配可以帮助人体对这些运动刺激产生反应，可以使人体更加健康，提高人对环境的适应能力，合理膳食和科学锻炼两者相辅相成，彼此依赖。

如何搭配膳食才能在保证健康的基础上，提高健身健美锻炼的效率以及获得良好的锻炼结果呢，我们应该注意以下原则。

改变饮食不再以生存为主要目的，而应该营养搭配，提高学习、工作效率，强身健体。应做到营养均衡、能量平衡、酸碱平衡。要多吃粗粮、水果和青菜，饮食要清淡，不要过分依赖药物等补品。可以选择营养价值高、热量低、物美价廉的食品作为健身专用食品。要少吃食物多获取营养，从营养上面获得健美的优势。不要过分抵制脂肪。不要偏食，不要盲目节食或者贪吃，给健康带来不利影响。要改变不当的饮食习惯，少食多餐，多喝水。要少吃熏烤、腌过的肉类和加工处理过的香肠等，少吃热量高的食物。用科学健康的烹饪方法保持食物中的营养。不要过度依赖营养品。食物不要太咸太甜，少量喝酒，不抽烟。不过分追求精细食物，每顿饭不要吃得太饱，要按时吃饭，不要狼吞虎咽，纠正蹲着吃、躺着吃、走着吃、笑着吃、愁着吃等不良进食习惯。

（三）膳食营养计划的制订方法与步骤

为了满足机体的营养需求，促进健康，预防疾病，应该参照中国居民平衡膳食宝塔和中国居民膳食指南，并根据个人的实际情况制订膳食营养计划，做到平衡饮食（图3-2-4）。健身人群膳食营养计划的制订应该是对中国居民平衡膳食宝塔科学合理的运用。

图3-2-4　中国居民平衡膳食宝塔

1. 因地制宜，充分利用当地资源

我国地大物博，每个地域的产物和饮食习惯都不相同，要充分利用当地的饮食资源，才能够使膳食宝塔得到有效利用。如畜牧区拥有丰富的奶资源，可以适当提高该地区人群的奶资源摄入量；在渔业区可以适当提高鱼类产品和其他水产品的摄入量；农村地区可以喝山羊奶，多吃核桃、瓜子、花生、榛子等坚果类食物。在特殊情况下，因地域或者产物限制，无法用同类交换时，可以用豆类代替肉类和乳类；或者用鸡蛋代替肉和鱼，实在无法实现时，也可以吃核桃、瓜子、花生、榛子等坚果替代大豆、肉、奶、鱼等动物性食物。

2. 注意同类食物的互换，调配丰富多彩的膳食

人类享受美食是为了让饮食更加丰富，而不仅仅是为了获取营养。食物可以满足人们不同的口味需求，如果人们每天都吃四十克大豆、五十克肉，时间一长便会产生厌倦感，那么也就无法搭配合理的营养。在膳食宝塔当中每一类食物含有多个品种，即使每种食物和另外一种不完全相同，但是它们所蕴含的营养成分也是非常接近的，所以在日常的饮食当中，可以互相替换使用。

妥善利用膳食宝塔可以使食物更加营养美味，依照多样化、同类替换

原则来安排一日三餐。同类替换就是用豆换豆、用肉换肉、用粮换粮，比如大米可以和杂粮、面粉交换；馒头可以和烙饼、面条、面包交换；大豆可以和等量的豆制品交换；瘦猪肉可以和鸭肉、羊肉、兔肉、牛肉、鸡肉交换；鱼可以和蟹、虾产品交换；牛奶可以和奶粉、羊奶、奶酪、酸奶交换。

多样化就是变换烹调方法，让食物品种、颜色、形态、口感更加丰富。如每天要吃四十克的豆制品，那么利用多样化和同类替换两种原则就可以变化出多种吃法。可以替换成等量的豆干或者豆浆。今天吃豆干，明天喝豆浆，也可以按照分量替换，比如三分之一换成腐竹、三分之一换成豆浆、三分之一换成豆腐。早上喝豆浆，晚餐吃酸辣豆腐汤，中午吃凉拌腐竹。

3. 根据食物成分表确定提供三大营养素的食物种类

将上述的营养素分配到不同的食物中，保证食物的多样化，同时要摄入足够的蔬菜和水果，以保证维生素、矿物质和膳食纤维的摄入量。

4. 根据糖、蛋白质、脂肪三大营养素的供能比例确定能量分配

糖、蛋白质、脂肪是提供人体所需能量的三大产热营养素，不同人群三大营养素的供能比例是不同的。按照 WHO 推荐的适宜膳食能量结构，一般人群糖、蛋白质、脂肪的供能比例为 55%~65%、11%~15%、20%~30%。健身健美人群糖、蛋白质、脂肪的供能比例为 60%~65%、15%~20%、20%。而且早、中、晚三餐的能量分配也要合理，三餐能量摄入大致要遵循 3:4:3 的比例，如果每天进餐 5~6 次，可根据时间将加餐分别归入早、中、晚餐计算。

例如，如果某位健美爱好者的能量来源分别以 60%、20%、20%计算的话，则应有 2100 千卡热量来自糖、700 千卡来自蛋白质、700 千卡来自脂肪。

3500 千卡×60%＝2100 千卡
3500 千卡×20%＝700 千卡
3500 千卡×20%＝700 千卡

5. 根据自己的能量水平确定食物需要

膳食宝塔所建议的食物摄入量都是以一般健康成年人为标准，从七个能量水平提出了十类食物所应该摄入的分量，人们在应用的时候，可以按照自身的能量需求进行自主选择，表 3-2-4 中的建议量指的是实物可食用

部分的重量。健美锻炼者的各类食物需要量又要高于一般健康成年人。

表 3-2-4 按照七个不同能量水平建议的食物摄入量（g/d）

能量水平	6700 千克 1600 千卡	7550 千克 1800 千卡	8350 千克 2000 千卡	9200 千克 2200 千卡	10050 千克 2400 千卡	10500 千克 2600 千卡	11700 千克 2800 千卡
谷类	225	250	300	300	350	400	450
大豆类	30	30	40	40	40	50	50
蔬菜	300	300	350	400	450	500	500
水果	200	200	300	300	400	400	500
肉类	50	50	50	75	75	75	75
乳类	300	300	300	300	300	300	300
蛋类	25	25	25	50	50	50	50
水产类	50	50	75	75	75	100	100
烹调类	20	25	25	25	30	30	30
食盐	6	6	6	6	6	6	6

膳食宝塔中所提出的食物摄取量，只是理论上的平均值，这意味着每日所吃食物中要尽量包含宝塔所涉及的所有食物，但并不意味着要严格按照它所建议的食物份量吃。比如鱼类，不一定每天要吃 50~100 克，也可以改成每周吃两到三次，每次 150~200 克，这样更具有可操作性。

实际上，如果平时喜欢吃鱼的人可以多吃鱼，如果喜欢吃鸡肉的人，多吃鸡肉也没有关系，最关键的是一定要按照食物宝塔当中的食物比例进行吃。在一某段时间内（如一周），各类食物的摄取平均量应该大致符合膳食宝塔所建议的分量。

6. 根据年龄、性别、体力强度、生理状态确定每天的能量需求

膳食宝塔中所提议的每日食物分量应适用于大部分人，但在实际操作过程中要按照食用者的年龄、性别、季节、身高、活动强度等情况，随时进行调整，以满足身体的不同需求。平时劳动量大的人、年轻人需要高能量，要多吃主食；活动少的人、年老的人需要的能量比较少，可以少吃主食。

食物摄入量主要取决于所需要的能量，也就是我们常说的进食量。我们可以根据食量的不同进行适当调节。如果一个人吃饱了，说明他摄入了身体所需要的能量，如果人们日常活动量太少，又吃进太多脂肪，身体所需要的能量已经足够，但是摄入量太大，导致身体无法消耗。对很多人来

说，体重是判断能量是否平衡的一个重要指标。人们所摄入的食物重量要根据自己的体重随时调整，尤其是高热量食物。

通过调查中国居民健康状况和营养状况，最终确定中国成年人平均能量摄入水平（表3-2-5）。这个结果可以作为人们在日常选择食物摄入量时的参考。当然并不是说要严格按照表格执行，而是要根据自己的活动强度、生活习惯、体重等情况进行调整。

表3-2-5　中国成年人的平均能量摄入水平（修正值）

年龄组	城市千克（千卡）		农村千克（千卡）	
	男	女	男	女
18~59岁	9200（2200）	7550（1800）	10900（2600）	9200（2200）
60岁以上	8350（2000）	6700（1600）	10050（2400）	8350（2000）

能量是人体维持基本生命活动并进行各种体力活动所必需的，每个健身者因为其年龄、性别、体力活动的强度、生理状态的不同，能量需求也不同。如果人体摄入的能量不足，机体会动用自身的能量储备甚至消耗自身的组织以满足生命活动能量的需要，相反，能量摄入过剩则在体内会不断储存。因此，能量平衡是膳食计划的首要问题。科学的膳食，不但要有足够的热量供应，以保证机体的需要，而且能量摄入又不能过量，防止体内能量蓄积造成肥胖。

根据中国营养学会的推荐，从事极轻劳动的成年人的能量需求为每天37~40千克（千卡）（体重）；从事轻体力劳动的成年人则每天需要41~43千克（千卡）（体重）；较重的体力劳动者，此值要增加到50千克（千卡）以上。对于有特殊健身目的的人群，有资料推荐增肌人群的能量需求每天为44~52千克（千卡）（体重），减肥人群可以控制在约每天30千克（千卡）（体重）。

以一个70kg的健美爱好者为例，增肌阶段每天每千克体重约需要50kcal的热量，则一天大约需要摄入3500kcal的热量。

7. 根据供热营养素的产热系数确定三大营养素的量

每克糖、蛋白质、脂肪在体内氧化产生的能量值称为产热系数，食物中每克糖能提供4千卡的热量，每克蛋白质也提供4千卡热量，而每克脂肪提供9千卡。所以上例中的能量分别需要525克碳水化合物、175克蛋白质和77克脂肪。

2100千卡÷4千卡/克=525克

700千卡÷4千卡/克=175克

700 千卡÷9 千卡/克＝77 克

8. 养成习惯，长期坚持

膳食对健康的影响是长期的结果。应用平衡膳食宝塔需要自幼养成习惯，并坚持不懈，才能充分体现其对健康的重大促进作用。

第三节 大学生体育锻炼的卫生保健

一、体育锻炼与环境卫生

进行体育锻炼时，锻炼环境的卫生状况会影响到锻炼者的运动情绪和运动效率，环境卫生状况良好可以激发锻炼者的运动情绪，环境卫生差则会抑制其运动情绪。

（一）运动场地卫生

1. 室内运动场馆卫生

室内运动场馆的地面最好铺木制地板，场馆内的地面要保持平整、结实、不滑、没有裂缝，室内有充足的光线，并配备良好的通风设备，保持馆内的整洁卫生。

2. 游泳池卫生

游泳池水源要清洁，水中游离性余氯为 0.3~0.4mg/L，尿素≤3.5mg，细菌总数≤1000 个/mL，大肠菌群≤18 个/L，浑浊度≤5，pH 值为 6.5~8.5，对水透明度的要求是当水保持静止状态时，无论在什么地方都可以看见水底。而且游泳池的水要经常更换，定期对水池进行清洗和净化消毒。为了保证池水清洁，游泳前必须全身淋浴，通过消毒后才能进入游泳池。

3. 室外运动场地卫生

为了美化室外运动场地，改善周围的空气和温度，应该在室外运动场地多种一些花草树木。田径赛场的跑道要平坦、结实且富有弹性，保持较好的干湿度；田赛场的助跑道应与径赛跑道一样；跳远的踏跳板应与地面平齐，沙坑要松软平坦，没有杂物，沙坑要与地面齐平；足球场地要平坦，最好铺有草皮。室外篮球、排球、网球等运动场地要平坦坚实，没有浮土，球场周围应留有足够空间。

（二）体育锻炼与噪声

噪声一般指嘈杂、刺耳的声音，是在一定环境中不应该有的声音。噪声污染是环境污染的一种，主要来自交通运输工具、工业机器等高音喇叭和公共场所人群喧闹的声音。噪声会对人体健康造成严重的危害，会使中枢神经系统功能受损，使人产生头痛、失眠、恶心、呕吐、脾气暴躁、心跳加快、肌肉紧张等不适，所以为了取得更好的锻炼效果，锻炼的环境应该相对安静，声强级别最好不超过35dB。

（三）体育锻炼与气温

在天气极热或极冷时，运动最好不要到精疲力竭才停止，进行体育锻炼的理想天气状况是温度在15℃~30℃，湿度在60%以下，风速不超过6.7m/s。如果天气条件不在这个范围内，锻炼时间和运动强度要做出相应调整。

（四）体育锻炼与空气卫生

空气是人类生存必不可少的环境因素之一，而氧气是维持人体生命活动的重要物质之一，人体只有获取足够的氧气才能进行新陈代谢。新鲜空气中有大量的负离子，对于调节大脑中枢神经系统的功能，增强心肺功能，促进血液循环，提高免疫力，保持充沛的精力，缓解疲劳，提高学习和工作效率具有重要作用。同时还可以帮助人们提高睡眠质量和呼吸机能，促进新陈代谢，增强肌体的抵抗力。所以在进行体育锻炼时，要选择空气质量好的环境，使肌体摄取更多的氧分，以补充运动中的能量消耗。

二、体育锻炼与运动卫生

（一）运动前卫生

1. 运动前饮水

在运动前最好喝点水，但一次性饮水不要太多。因为饮水过多会导致胃膨胀，影响膈肌运动和呼吸，从而影响运动能力和运动效果。

2. 准备活动

准备活动是在体育锻炼之前进行的工作，是有目的性和指向性的身体练习，分为一般性准备活动和专项性准备活动。之所以要在运动之前进行准备工作，是因为通过一定的练习，可以使中枢神经系统兴奋起来，做好进行锻炼前的准备；此外，可以克服各器官机能活动的惰性，加强各器官系统的活动；加强心血管和呼吸器官的活动能力，使人体从相对静止的状态，更好地过渡到紧张状态。还可以预防心血管意外的发生，减少肌肉、关节和韧带的损伤。

如何进行准备活动、准备活动的时间是多久，是由多种因素决定的，如锻炼项目、内容、季节变化和身体条件等。准备活动的目的是使身体稍微发热，心率最好上升到 130~160 次/分钟，使内脏器官、肢体的活动幅度和肌肉力量等方面达到适宜的工作状态。

（二）运动中卫生

1. 运动中饮水

在运动中要多次饮水，但是每次饮水量不宜过多。水在人体中占 65%，而在血液中则高达 90%。运动过程中，机体需要保持充分的血容量，首先是因为肌肉组织需要加强血液供应，使肌肉中物质代谢顺利进行；其次需要血液把运动时体内产生的大量热量带到体表，使体温保持正常。此外，因为锻炼时身体会大量出汗，导致人体水量大量流失，使机体机能下降，所以需要及时补充水分。

2. 选择良好的运动环境

为了使体育锻炼效果更佳，也为了锻炼者的身体健康，在进行体育锻炼时，应该选择空气清新、流通性较好、温度比较适宜、场地整洁的运动场所。

3. 选择好运动着装

运动时衣着也很重要，最好穿轻盈、宽松、大小合适的衣服，通气性和吸水性较好，每次运动之后及时清洗衣物。要穿运动鞋，鞋子大小要合适。夏季锻炼时，应该穿浅色薄运动衣裤，冬季锻炼要注意防寒保暖，但是也不能穿得太多，否则会妨碍运动。最后要注意运动时不要佩戴饰品。

4. 合理安排运动量

运动时还要注意合理安排运动量。在进行体育锻炼时要综合自身因素，根据年龄、性别、体质、健康水平和技术的熟练程度，安排合理的练习强度、密度、时间和数量等。一般学生在一堂课上平均心率达 130~170 次/分钟为宜。适宜的运动量可以增加食欲、使精力更加充沛、睡眠质量更好。如果运动量过大，超过了锻炼者所能承受的最大量，会对身体造成一定损伤，不利于身心健康发展。

（三）运动后卫生

1. 运动后饮水

运动后身体水分流失大，所以要及时补充水分，但是不要过度饮水，否则会增加尿量和汗水，加重心肾负担，使体内电解质丢失严重。此外，饮水过量还会造成胃液稀释，破坏食欲，影响消化，导致胃病。

2. 整理活动

整理活动指的是一些可以使机体机能快速恢复的身体练习，一般比较轻松，在正式运动后可以有效缓解人体疲劳，使人体从紧张激烈的肌肉运动阶段，逐渐过渡到相对安静的阶段，使身体得到缓解和恢复。整理活动的目的是放松全身，所以尽量采用轻松、活泼、柔和的练习，避免剧烈运动，放缓节奏，使呼吸频率和心率下降。

3. 不宜立即洗热水澡

很多人喜欢运动后马上洗热水澡，这是错误的做法。因为在运动时，流向肌肉的血液会增加，心跳也会加快，结束运动以后，血液流动和心跳还没有完全稳定，此时若立即洗热水澡，会使血液大量流向肌肉和皮肤，结果可能使身体其他器官得不到相应的血液供应，尤其是心脏和脑部，很容易引发心脏病或导致脑部缺氧。

4. 注意保暖

运动后还要注意身体保暖。一些人习惯在运动后立刻冲冷水澡或者吹空调，还有人会在冬天运动完之后到室外吹冷风，这些都会对身体造成一定损害。因为运动后全身的毛细血管都是张开的，热量会大量散发，洗冷水澡很容易引起感冒。时间一长还会导致关节炎。

5. 运动服装

运动后应该及时清洗汗湿的衣物，鞋要放在通风的地方去味，保持干净。

三、体育锻炼与生活卫生

体育锻炼能够促进人体机更好地进行活动，促进身心健康发展，促进身体机能代谢。但在锻炼过程中，也要注重卫生习惯、生活饮食习惯的培养，以便得到更好的锻炼效果。

（一）戒除不良嗜好

地铁、饭店、公交广告牌等各大公共场所，随处可见禁止吸烟的标志。这不仅是一种尊重他人的行为，也是一种保护身体健康发展的措施。吸烟及吸二手烟都会影响人们的身体健康。吸烟可诱发多种疾病的生成，如呼吸道感染、肺癌、中枢神经系统疾病及相关并发症。同时，烟尘也会影响环境质量，随地乱扔的烟蒂影响街道美观。

5月31日是世界卫生组织规定的"世界无烟日"，是为了人们能够主动减少吸烟频率及杜绝这一恶习而创建的节日。"世界无烟日"的开展，促使公众广泛参与戒烟活动，深刻认识吸烟带来的危害。

喝酒是人们排解忧愁、寂寞的一个便捷途径。但过度酗酒就会引发恶化氧化应激类疾病如Ⅱ型糖尿病、高血压、血脂异常（如甘油三酯高等）、痛风等疾病。

酗酒不仅对身体健康产生危害，对社会的正常发展也有着负面的影响。酗酒者通常把酗酒行为作为一种因内心冲突、心理矛盾造成的强烈心理势能发泄出来的重要方式和途径。通过酗酒来消除烦恼，减轻空虚、胆怯、内疚、失败等心理感受。但由此，也可能助推变态心理状态的进一步发展，危及社会治安，如酗酒驾车肇事、酒后家庭暴力等案件的发生。

（二）睡眠卫生

睡眠时间是指人及动物的一种自然生理现象，在身体机能长时间的活动后，通过睡眠休息时间恢复精神力，提供所需能量。每人应保持正常及固定的睡眠时间，杜绝熬夜等不良的睡眠习惯，保持一定的睡眠点，使身体休息时间形成规律。

睡前适量的体育运动可以提高睡眠质量水平，消除工作的疲惫。运动后，体温会逐渐升高，大脑会分泌出抑制兴奋的物质，使人们能够更好地进入深度睡眠状态，从而提高睡眠质量。

（三）饮食卫生

1. 合理的饮食制度

人们一日三餐是非常重要的。进餐的时间、食物的分量及食品的构成等，对人们的饮食健康有着重要的影响作用。

（1）饮食量

对身体所摄入的饮食量有着一定规定。人们在经过剧烈运动后，需要进餐补充身体消耗掉的热量。热量摄入过低，会降低人的免疫力系统。热量摄入过高，会使人们变得更加肥胖，从而引发一系列并发症。应制定合理的饮食量，更好地补充热量的吸收。

（2）饮食成分

热量的摄取要保证饮食成分的营养均衡，要对食物进行一定的营养搭配。古语有云："五谷为养，五果为助，五畜为益，五菜为充，气味合而服之，以补益精气。"对以上五种食物类型进行搭配，补充身体的微量元素、所需糖量等，提高身体素质。

（3）饮食习惯

应合理安排进餐时间，保持一日三餐的规律。早餐是饮食结构中最重要的一环，身体经过一夜的能量消耗后，人体血糖值会偏低，急需补充身体能量，吃早饭也更易保持身体的纤细。在补充营养时，应选择一些健康的、低卡路里、低糖的食物，减少对身体造成的负担。

进食后不能马上进行运动，饭后是肠胃消化、活动的时间，需要大量的血液参与。在此时进行运动，会分夺其血液量，造成紊乱，还会损伤肠胃黏膜，造成胃痛、腹痛等不适症状。

在剧烈运动后也不要立即摄入食物，需要过半小时再进食。运动后适宜的食物摄入，可以补充因剧烈运动而进行的新陈代谢，帮助身体排出有害物质，补充身体所需营养。

2. 合理营养

在进食时，不仅要吃还要会吃，进行食物的营养搭配，包括食物的粗细搭配、荤素搭配、酸碱搭配。

(四) 生活制度卫生

在生活中，要养成良好的生活习惯，制定相关的制度规范，形成一定的规律。生活习惯的规律，可以促进新陈代谢的规律运动，更好地为身体机能提供能量，使人们更好地生活、发展。良好的生活制度，可以培养一个人自律的性格，提高自身的素质，对事物一切安排有序。

不良的生活制度会影响人们的生活，对饮食习惯、运动习惯、休息睡眠等方面造成一定的影响。例如，睡前不刷牙、睡懒觉、不吃早饭等习惯会对身体健康造成一定的危害，随之影响其他事务的进行，所以应建立良好的生活制度，更好地生活。

第四章　大学生的身体锻炼方法

通常来讲，竞技体育项目有多种特点，如娱乐性、竞技性、健身性等，但是竞技体育项目在锻炼内容、目的、对象等方面具有独特性。

经常锻炼的好处非常多，可以让青少年身体正常发育，保障身体健康，让成年人拥有旺盛的精力，使人具有姣好的体型，使体格更加健壮，提高人的身体免疫力；可以培养人的情操，锻炼人的坚强意志，使人的心理更加健康；可以调节人的情绪和情感，使人的精神生活更加丰富，让身体得到休息，以更充沛的精力面对繁重的工作和学习。

身体锻炼包含三部分内容：健身运动、健美运动和娱乐休闲体育。健身运动可以提高人的免疫力，增强人的体质，这种身体锻炼分为治疗疾病、强身健体、松弛肌体三个方面；健美运动为了让人体呈现更加健康的状态，通过锻炼可以让身体的肌肉更加发达，体形更加完美，体质更加强壮，身体更加健康，而且还可以提高身体的表现能力，提升人的审美能力；娱乐休闲体育可以使人的精神更加丰富，通过活动可以让人保持轻松愉快的状态，缓解由工作和学习带来的疲劳感，使身体更加健康，情操得到陶冶。

人们在进行身体锻炼时，要遵循四项基本原则：第一是自我健康状态的评估原则，也被称为因人而异原则；第二是适量负荷原则，也被称为循序渐进原则；第三是自觉性原则；第四是持之以恒原则。

第一节　大学生的身体锻炼

一、防治疾病的健身锻炼

"上工治未病"，治未病为上工。体育锻炼也称为体育疗法。作为一种独特的锻炼方法，体育锻炼可以预防各种疾病。借助具有不同功效的练习，可以防治各种疾病，使身体更加健康。

不同的锻炼方法对不同的病症有不同的效果。需要注意的是，有些病症在严重或者急性状态下要停止锻炼，如发高烧或在运动当中可能会增加疼痛，产生出血病状的时候，要停止锻炼。以下是常见的病症锻炼方法。

（一）慢性肝炎

慢性肝炎，借助体育疗法可以得到一定程度的缓解。借助有针对性的练习，可以使肝脏内的血液循环速度加快，及时清除肝脏淤血，使肝细胞得到再生，大大提高肝病患病的食欲。

通过以下方法进行练习：第一，太极拳。具体的操作方法需要参照慢性肠胃病体育疗法；第二，散步法。具体的操作方法可以参照健身步行法，患病者根据具体情况具体分析，及时调整适合自己的运动量。配合适当的呼吸训练进行运动，注意心率要控制在每分钟130次以下最为合适；第三，按摩方法。使身体仰卧屈膝，按摩腹部和肝部，按摩动作和肠胃按摩方法相同，还要注意配合意念练习。

（二）神经衰弱

人们尤其是一些脑力劳动者，如果精神长期处于紧张状态，睡眠不足，情绪波动等，时间一长会产生神经衰弱。神经衰弱会降低神经活动能力，使人的神经调节能力处于失当状态，具体表现为：有的人记忆力下降，身体容易疲劳、头疼，身体产生困倦乏力等；有的人情绪波动比较大，情绪容易烦躁激动，兴奋点高，注意力容易不集中。体育锻炼是一种非常有效的治疗方法，可以有效缓解神经衰弱。

可以参考以下练习方法：第一，自我按摩法。如果头晕目眩，可以捂住两只耳朵，用手指弹击枕穴；如果头疼，可以按摩太阳穴和天柱穴；如果失眠，可以按察涌泉穴及运动寿眉——推摩印堂穴；第二，适当运动，如散步、活动性游戏、球类和郊游等；第三，传统功法中的太极拳，每天早晚练习一次，如果是神经衰弱患者，一般采用简化的太极拳即可。

（三）女子痛经

在女性疾病中，痛经是常见病症之一。致病原因多是运动量少、内分泌失调、身体弱等。体育疗法可以提高盆腔内的血液循环速度，减轻盆腔内的压力，调整子宫位置。

具体可以参考以下练习方法：第一，身体呈仰卧屈膝状，两条手臂放置于身体两侧，用力向下压，同时腹部向上抬起，呈拱桥状姿势，保持三到五秒后，还原动作，重复16到18次即可；第二，身体呈仰卧位，两条手臂放置在枕后,两条腿依次上举,还可以使两条腿同时往上举,然后缓慢还原状态,这样的动作重复16到18次即可;第三,身体由跪撑状态变成提臀俯撑状态,慢慢还原,重复动作16到18次即可;第四,双肘双膝跪撑在地垫上,臀部缓慢提起,保持姿势三分钟,稍作休息之后再重复练习,重复三到五次即可。需要注意的是,在练习这些动作时,要以身体略微感到疲倦为准,整体动作要协调、正确、到位。

(四)慢性肠胃病

慢性肠胃病的患者生活无规律,致病原因也比较复杂。借助体育锻炼可以提高腹腔内的血液循环速度,增加肠胃分泌功能,加快肠胃蠕动速度,进而改善肠胃病。

具体可以参考以下练习方法:第一,躯体运动。身体呈仰卧位,两条腿交替屈膝提起,要使大腿尽量向腹部贴近,动作重复10到12次即可;第二,太极拳。患者可以用杨式太极拳或简化的太极拳,患者注意腹部呼吸和意念两者的协调配合;第三,按摩胃部和腹部,使身体仰卧,伸手搓热叠放在腹部、胃部,顺时针按摩之后再逆时针按摩,按摩的动作要轻缓,每次按摩数百次即可。

(五)关节炎

人体如果长期姿势不当,会造成软组织损伤,也就是我们常说的关节炎。关节炎表现为关节处气血淤滞,通过体育锻炼可以使关节处的血液循环速度加快,水肿逐渐消失,还能够提高关节的活动范围,最终治愈关节炎。

1. 颈椎类疾病的体育疗法

第一节锻炼可以参考前颈部放松锻炼的第一二节;第二节,搓擦颈部。将双手搓热,两手交替擦搓颈部,直到颈部发热,然后缓慢转动颈部,依次练习即可。

2. 肩周炎的体育疗法

第一节,环转肩运动。以肩膀为轴心,两条手臂带动肩膀向前上、向后下环绕四次,再以相同的动作,由后上向前下环绕四次,动作重复两到三次即可;第二节,"托天"运动。双腿站立,双手放于胸前,掌心向下,双手交叉上抬,使手腕外翻,掌心随之向上,托举到身体最大限度时,保持姿势三秒钟,再还原姿势。重复10到12次即可;第三节,冲拳运动。

左右腿膝盖微微弯曲，两脚和肩保持同宽距离，两只手成握拳状放在腰部，右手出拳，拳头借力向下转动，在还原动作时出左拳头，再轮流进行动作，重复16次即可；第四节，可以借助重物或者器械进行摆动、压肩、拉举等练习。

  3. 腰椎间盘突出症的体育疗法

  第一节，身体呈仰卧位，两条腿自然伸直，两条手臂放置于身体两侧，左腿弯曲，向上贴近腹部，要尽可能贴近，然后还原动作，换右腿进行。重复八次即可；第二节，身体呈仰卧位，两腿自然伸直，两臂放置于身体两侧，左腿直着向上抬，尽量抬到最高处动作还原之后，右腿进行相同练习，左右两条腿交替进行，重复八次即可；第三节，身体呈仰卧位，弯曲双膝，双臂屈肘部放置在身体两侧，使身体抬高，挺起胸部和腹部，尽可能到最大程度，保持动作三秒钟之后，还原动作，重复10到12次即可；第四节，身体呈仰卧位，双臂屈肘放置身体两侧，下肢不动，挺胸，头向后昂起，保持三秒钟之后还原，重复10到12次即可。

二、力量的身体锻炼

（一）发展力量素质的身体锻炼方法

  身体的每一块肌肉都有自己独特的功能，帮助人们完成各种动作。实际上，每一个动作完成都是借助肌肉不停地收缩和放松实现的。因此，要对特定的肌肉或者肌肉群进行锻炼，这样才更具有针对性。

  1. 力量性锻炼的不同手段

  （1）练习速度不同。健美训练中要求动作平缓，速度不适合太快，不能利用惯性控制身体动作，要通过控制肌肉实现动作，而要提高爆发力，则必须进行快速训练，在一定时间内多次重复。

  （2）动作结构不同。每种动作会对应一种锻炼结果，即使是同一种动作也能产生不同效果，如推举动作；如果用宽推的方式，能够锻炼三角肌和斜方肌；如果用窄推的方式，能够锻炼三角肌和肱三头肌。

  （3）呼吸方式不同。人们借助憋气提高力量，在健美训练中，可以通过呼吸提高锻炼效果，在肌肉放松的时候要呼气，在肌肉收缩的时候要吸气，这样可以为身体提供充分的氧气，避免休克和头晕的现象产生。

  （4）意念不同。在锻炼力量的时候，锻炼者不应该把注意力放在意念上，而应该把注意力与动作相结合。但在健美训练时，要求注意力放在肌肉群或者某块肌肉上，这样可以锻炼到某块肌肉，实现良好的锻炼效果。

2. 力量性锻炼的种类

第一，克服体重阻力的练习，如俯卧撑、跳跃、双臂屈展和引体向上。第二，降低外部阻力的各种练习，通过各种器械或者练习，如沙袋、拉力器、杠铃、哑铃、橡皮筋、实心球等。

3. 力量性锻炼应注意的问题

第一，准备活动。锻炼者根据自身情况确定热身动作，预防关节和肌肉产生损伤。

第二，循序渐进。要逐渐增加运动量，遵循从轻到重、从慢到快的原则，采用"一定重量，增加次数或组数""增加重量，再增加组数或次数""再增加重量，增加次数或组数"的方法。

第三，保护措施。运动者在进行运动的时候，尤其是大重量的杠铃练习的时候，要有一定的防护措施，以保证动作正确有效，还可以保护身体安全。

第四，练习之后要放松身体，做整理活动，不断提高肌肉的协调性和弹性。

（二）力量的身体锻炼对人体的作用

第一，肌肉更加有力发达。力量性的锻炼会让肌肉中的肌纤维产生放松和收缩的动作，使肌肉产生质的变化。同时，毛细血管中的血液含量也在不断提高，增加肌肉细胞的新陈代谢能力。更多的肌酸被产生出来，保证核糖核酸的生成，同时和脂肪、氨基酸、多糖等生成不同的物质。这些物质可以使肌肉纤维横切面变大，让细胞体积变大，所以肌肉会越练习越有力量，越发达。

第二，体形更加健美匀称。肌肉丰满强壮会更好地展示人体的美丽。根据有关研究表明，运动员的肌肉只占总体重的45.55%，但是一般人的肌肉却占到30%~40%。所以，一个人如果肌肉匀称健美，那么体型也一定会是匀称健美。通过力量性锻炼，可以更好地展示男性的壮实魁梧，女性的曲线美，圆润丰满。

第三，使身体机能得到提高。力量性锻炼需要一定的运动量，作用于运动系统。除此之外，还可以作用于神经系统、心肺功能、消化系统等，耗费巨大的热量，需要更多的营养保证身体运作，因此消化功能也随之增强。同时，中枢神经可以调节力量性训练，使身体更加灵活、协调、均衡，使中枢神经的功能也不断得到提高，更好地适应外部环境。

第四，有助于实现其他运动。在人体素质中，力量素质是非常重要的，是其他运动的必备素质。所以，不管是从事哪项运动的运动员，都要加强力量训练，才能够提高运动成绩。

三、提高心、肺功能的身体锻炼

人们有节奏的、长时间从事肌肉的活动所能够忍受的时间，被称为耐力。耐力是人体机能的素质之一，可以用无氧锻炼和有氧锻炼提高人体的耐力水平。无氧锻炼主要用于提高运动成绩，提高快速跑的能力；有氧锻炼主要用于健身，可以提高人体的心肺功能。

耐力训练需要肌肉组织保持长期的氧气供应，但不会引发显著的乳酸堆积。在这个过程中，对于氧气的消耗要达到最大吸氧消耗量的 40%~60%。氧气代谢是肌肉的主要能量代谢之一。有氧锻炼可以吸收大量氧气，然后进行二氧化碳交换，身体的每一个部位和器官都能够得到氧气的滋养，所以心肺能力高的锻炼者可以吸入更多的氧气。有氧耐力应该保持在 5 分钟以上，锻炼时间一般都是在 15 分钟到 60 分钟，心率要控制在每分钟 120 次到 140 次之间。

（一）提高心、肺功能的有氧锻炼方法

1. 健身跑

健身跑可以提高人的心肺能力和身体素质，是男女老少都可以进行的健身运动。

健身跑需要介入大量的氧气。人在跑步的时候所吸入的空气量要比静止时高出很多倍，这样可以充分运动肺部，让身体携带氧气、利用氧气的能力得到提高。经过实验证明，受过锻炼的人一般身体比较强壮，在进行强度运动的时候，可以呼出 60% 的氧气，而消耗的氧气要高达 5%；没有经过训练的人，能够呼出 17% 的氧气，被吸收的氧气只有 4%。

经过美国科学家的实验，最终制定出"12 分钟跑"测试标准（表 4-1-1、表 4-1-2）。这个标准简单、易学，已为各国所使用。这个测试表可以作为日常训练的方式，也可以作为检测人体素质的标准。

表4-1-1 男子12分钟跑测试成绩评分表

体力级别		30岁以下	30-39岁	40-49岁	50岁以上
1	极差	1600（m）以下	1500（m）以下	1400（m）以下	1300（m）以下
2	差	1600-1999（m）	1500-1799（m）	1400-1699（m）	1300-1599（m）
3	稍差	2000-2399（m）	1800-2199（m）	1700-2099（m）	1600-1999（m）
4	好	2400-2799（m）	2200-2599（m）	2100-2499（m）	2000-2399（m）
5	很好	2800（m）以上	2600（m）以上	2500（m）以上	2400（m）以上

表4-1-2 女子12分钟跑测试成绩评分数

体力级别		30岁以下	30-39岁	40-49岁	50岁以上
1	极差	1500（m）以下	1400（m）以下	1200（m）以下	1000（m）以下
2	差	1500-1799（m）	1100-1699（m）	1200-1499（m）	1000-1399（m）
3	稍差	1800-2199（m）	1700-1999（m）	1500-1799（m）	1400-1699（m）
4	好	2200-2599（m）	2000-2399（m）	1800-2299（m）	1700-2199（m）以上
5	极好	2600（m）以上	2400（m）以上	2300（m）以上	2200（m）以上

健身跑的运动量测定，可在跑步5~6分钟后采用测量脉搏的方法来测定。对于每一个年龄段，都有一个相应的较佳的脉搏数区间来表示（表4-1-4）。

表4-1-4 跑步、年龄、运动量对照表

年龄	脉搏数（次/分钟）	年龄	脉搏数（次/分钟）
20	140-170	45	123-149
25	137-165	50	119-145
30	133-157	55	116-140
35	130-157	65	112-135
40	126-152	70	105-128

2. 健身步行

该项运动最具有可操作性，也是最简单的健身方法。这种方法已经受到越来越多的人关注。这种方法可以在晚上睡觉之前或者早上起床之后进行，每周最少锻炼五次，运动要保持正确的步行姿势。锻炼者要抬头目视前方，身体自然放松，抬头挺胸。前脚掌是身体的重心所在。每次20到

30分钟，每分钟走80到100步。这是正常的步行速度，如果是快速步行，每次最少要20分钟，每分钟走100到130步。

锻炼要因人而异，根据不同人的健康、性别、年龄，制定出不同的锻炼计划。运动量的大小可以根据脉搏跳动的频率判断，行走大概十分钟后，可以进行一次测量，不要在行走状态下测量，要停下原地踏步测量。这样可以知道自己的锻炼量是否符合自己身体状况。

在步行结束以后的5到10分钟之内可再一次测量，这时候做测量的心率一般会恢复到比运动前每分钟多10到15次。如果超过了每分钟100次，说明步行的运动量太大，应该根据身体状况做出合适调整。

（二）有氧锻炼对心、肺功能的影响

第一，有氧锻炼可以为人体提供更多的心输出量，使运动所需要的氧气得到满足。在人体安静时候心率会减慢，每搏输出量会增加，心脏可以得到休息。

第二，在运动时，人的呼吸量增大，可以提供更多的氧气，使身体各个部位得到滋养。在安静的时候肺活量、通气量都会增大，呼吸频率会降低。

第三，有氧锻炼可以促进脂肪新陈代谢，使脂肪提供更多的能量，避免肥胖症发生，降低血液里的甘油三酯含量，预防动脉硬化所引起的冠心病，增加高密度脂肪蛋白含量。

四、消除紧张的放松身体锻炼

快节奏、高效率是现代社会的显著工作方式，人们在身体和精神上都感受到越来越大的压力，造成精神高度紧张。

（一）消除紧张的放松身体锻炼方法

要消除身体紧张状态有多种方法。体育锻炼是其中最有效的方法之一，借助运动刺激大脑皮层，可以使身体冲动降低，让肌肉纤维更加舒展，使其不再过分收缩，从而消除身体紧张。具体方法有以下几种。

1. 颈部放松方法

学生的颈部肌肉一般会处于比较紧张的状态，这是因为他们需要长时间写字、看书，脖子会出现僵硬、肿胀的情况。其中，胸锁乳突肌和斜方肌两块肌肉最容易紧张和疲劳。

放松胸锁乳突肌可以参考以下方法：自然站立，两只手放在身体后面，左手握住右手腕，同时头部向左侧慢慢倾斜，左手把右手向左侧拉动，保持姿势10秒钟，动作还原，轮流进行，反复进行5次即可。

斜方肌可以参考以下方法进行放松：第一节，身体自然站立，双肩放松，颈部慢慢地向前方和后方伸展，再向左方和右方伸展，到所承受的最大限度时保持姿势3到5秒钟，然后还原，重复3次即可；第二节，身体保持自然站立，双肩放松，肩部缓缓向左方转到承受最大限度时，保持姿势3秒钟，动作还原，然后再转向右侧，左右轮流进行，重复5次即可。

2. 背部放松方法

背部承担了身体很多重量，颈部和腰部的劳累、紧张都会使背部紧张，心理紧张也会使背部的肌肉处于紧张的状态。

背部肌肉可以参考以下方式进行放松：第一节，背靠向墙壁，双脚离开墙角约20到30厘米，上身靠在墙壁上，使身体和双肩扭动，保持姿势2到3分钟；第二节，分开双脚坐在地面上，双手抱住小腿，缓慢弯曲上身，当弯曲到最大程度时保持该姿势10到15秒，然后还原姿势，重复五次即可；第三节，五指交叉放于胸前，掌心向外向前，用力做伸展动作到最大程度时，保持姿势10秒钟，姿势还原，重复5次即可。

3. 腰部放松方法

身体当中最容易受伤的部位是腰部，运动时的用力不当或者长时间的站立都会损伤腰部肌肉。

腰部肌肉放松可以参考以下方法：第一节，身体呈仰卧位，右腿自然弯曲，上身缓慢坐起，吸气双手抱右腿膝盖，还原时呼气，左右轮流进行，各做3到5次即可；第二节，身体呈仰卧位，双手放在身体两侧，双腿自然伸直，吸气腰部缓慢拱起，借助肩膀、脚部、手臂的力量支撑在地面上，保持姿势5秒钟，然后缓慢还原，呼气，重复动作6到8次；第三节，身体呈仰卧位，双手自然放于身体两侧，右腿弯曲膝盖，伸展到左侧，带动髋部成左侧卧姿状态，同时左手按压右膝盖，右手贴近右侧地面，保持姿势3到5秒钟，左右轮流进行，重复6到8次即可。

4. 全身性放松锻炼方法

（1）放松性气功。包括默念放松气功法和局部放松气功法，利用调节意念来放松身体的某一个部位。

（2）跳健身操或者是交谊舞。这种运动方式运动量不宜过大，心率要控制在每分钟 124 以下。

（3）肩肘倒立。时间保持在 15 到 20 秒，稍作休息之后可以进行重复练习 3 到 5 次，熟练之后可以加长倒立时间，该练习比较容易，可以满足不同年龄段的需求。

（4）倒退步行。该方式可以让平时活动不到的肌肉参与活动，使肌肉更加的放松，人在进行倒退步行的时候，脚向后走，骨盆倾斜的方向和往前走的方向是完全相反的，可以放松下肢肌肉和腹部肌肉。倒退步行可以采用摆臂和叉腰两种形式，但动作一定要协调有致，步伐偏小，重心后移，前脚掌先着地，然后再用全脚掌着地，每次可以练习 15 到 20 分钟。

（5）手头倒立。每次可以练习 15 秒钟，休息 30 到 60 秒钟之后，再进行重复练习，重复 6 到 8 次即可，这个练习比较适合青年群体。

（二）紧张的表现形式

紧张有生理和心理两种表现形式，生理紧张是因为肌肉过度疲劳而造成，而心理层面的紧张是因为外界刺激所引发的不良精神反应，比如焦虑，烦躁等情绪。不管是哪种紧张形式，如果身体长期保持紧张状态的话，会妨碍到人们的正常学习和工作，还会使人体的身体健康受到损害。当今社会充满了各种竞争和压力，人们要学会消除和缓解各种紧张情绪。

第二节　大学生身体锻炼的常用方法

一、灵敏素质练习方法

灵敏素质是身体协调能力及其综合能力的体现。运动时可以使用体育器材、设施等辅助方式提高动作的复杂程度以改善身体灵敏度对运动员自身运动素质的建设也非常重要，要在教练员指导下适当运动提高身体反应能力、平衡能力以及掌握动作要领能力等。

（一）灵敏素质练习的途径

灵敏素质是运动员提高运动能力的基本素质。发展灵敏素质的根本在于提高运动员的耐力、速度以及身体柔软度。可以通过体操、滑冰、足球等运动加强基本能力水平。游戏、机械练习、徒手练习、组合练习是提高身体灵敏程度的主要途径。

1. 游戏

竞争性、趣味性以及综合性是这类游戏的主要特点，它能使运动员产生兴趣并全身心参与活动，可以有效提升拓展思维能力、应对动作复杂多变的能力、提高神经中枢灵敏程度和反应能力。

2. 器械练习

器械练习分为单人练习和双人练习。前者包括运球、顶球、传球等球类运动和单杠、双杠等健身活动。后者包括二人传接球、运球过程中的抢球以及双杠的双人练习运动等。

3. 徒手练习

徒手练习分为单人练习和双人练习。前者包括弓箭步转体、前后滑跳、腾空飞脚、去提跳跃等。后者包括手触膝、模仿跑、躲闪摸肩等两人进行的活动。

4. 组合练习

组合练习是包括两个或两个以上的动作练习。

包含两个动作的活动有：交叉步和后退跑的组合、侧手翻和前滚翻的组合、转体俯卧和膝触胸的组合、跳转髋和交叉跑的组合以及立卧撑和高抬腿跑步的组合等。

包含三个动作的活动有：旋风腿、侧手翻和前滚翻的组合，交叉侧步，滑步和障碍跑的组合以及滑跳、交叉跑和转身滑步跑的组合等。

包含多个动作的活动有：倒立前滚翻、单肩后滚翻、侧滚和跪跳起的组合，弹腿、腾空飞脚、鱼跃前滚翻的组合以及滑跳、交叉跑、转身滑步跑的组合等。

（二）灵敏素质练习的主要手段

可以根据自身实际状况创新运动方式提高身体灵敏度。例如，在跑步、跳跃过程中改变方向以及各种快速或急停转体运动等。

还可以在运动中添加创新难度较高的动作进行强化练习，如将躲闪跑步、穿梭跑步、之字跑步以及里立卧撑这四个动作组合进行练习。还有非常规动作练习、限制动作练习、逐步提高频率动作练习以及改变方向等有利于提高灵敏度的练习动作，如倒退跳远、向一侧跳、缩小球类运动面积的练习等。

(三) 发展灵敏素质的具体方法

提高灵敏素质应结合个人特点,在追求运动平衡、协调方面采取具体措施。下面是提高灵敏素质的方法。

1. 灵敏性游戏

开展灵敏性游戏的目的是,提高身体快速反应能力、思维判断能力以及动作的协调性和节奏感。在运动过程中要按照既定规则练习,不要投机取巧,并注意安全。

可以进行以下游戏的锻炼。①追逐拍、救人:活动场地在一定范围内,找出四个人为追逐者,其他人员进行躲闪跑步,如果被追逐者拍到,则需原地站立不动并高举手臂,同伙人员可以拍打其肩膀让其复活。同伙在救人时也可能被拍到,该游戏具有牺牲精神,在进行游戏时要做到躲闪及时、快速反应、判断准确,从而机智救人。②老鹰抓小鸡:这是一个多人组合的游戏,"母鸡"在前,身后有一连串的"小鸡",老鹰在"母鸡"前面抓捕后面的"小鸡",而"母鸡"则想尽办法保护后面的"小鸡"。这个游戏主要体现积极思维、注意观察、斗智斗勇的精神。③火中取栗:分为两部分人员,其中一部分手拉手围成一个圆,在这个圆中间放入几只球,另一部分人员要想办法进入圈内取球。这个游戏需要进行适度的对抗、动作要快而灵巧。④照着样子做:两人作为一个组合,一人做各种动作,另一个人对他的动作进行模仿,模仿者的动作要逼真,被模仿者可以任意发挥。⑤水、火、雷、电:在一个直径为15米的大圆圈内,运动员需要快速跑动,一边跑步一边随着教练员喊出的水、火、雷、电做出相应的动作。运动员要对动作赋予想象力,转换思维要快。⑥活动篮圈:分为两组人员,每组设有篮球圈,最后以投入对方球数最多的一组为胜。需按照规则活动对篮球圈进行防守。⑦互相拍肩:两人一组面对面站立,距离在1米左右。要想办法拍到对方肩膀,但是又要时刻防止不被对方拍到自己的肩膀。动作要快、思维要敏捷。⑧单双数互追:队员分为单双数相对而坐,距离在1~2米之间。当喊到单数时,单数追双数;当喊到双数时,双数追单数。思维敏捷、动过要快。⑨抓替身:两队前后站立,一人逃一人抓,当逃跑者跑到两人的前面时,后面的人要快速逃走。当抓到逃跑者时则替换身份继续进行游戏。这个游戏要反应迅速、及时躲闪。⑩双脚离地:运动员进行分散活动,听到哨声后双脚离地的人获胜。这个游戏要求倒立、抬腿、悬垂等动作。⑪爬山涉水:以相应的器具、设施作为山、水、沟等,运动员要模拟真实动作跨越,以快者为胜。这个游戏锻炼动作之间的协调能力。⑫传球触人：在篮球场地活动，两个人不断传球向前移动，并击球传人，直到场上所有人都传过一遍球后方能结束，这个游戏只能传球不能运球、带球走步。还有围圈打猴、听号接球以及形影不离等游戏，都可以锻炼运动员的动作灵敏度、身体协调度。

2. 选用体操中的一些动作

前滚翻、后滚翻、侧滚翻。连续前滚翻或后滚翻。前手翻、头手翻、后手翻，团身后空翻。一人仰卧，两人各抓一只脚，同时用力上提，使其翻转站立。

连续侧手翻：双人侧手翻要求两个人同向站在一起，后者双手抱住前者的腰部，一起做侧手翻动作。鱼跃前滚翻是跳至马山，分开腿部跨越器械，做前滚翻动作。在较低的双杠上前滚分腿做向前、向后摆动动作完成滚翻动作。在低单杠上也是这样的动作。

双人前滚翻是两人协调配合，其中一人仰卧，另外一人做相应的协调动作，相互手握对方的脚裸，一起做翻滚动作。

3. 利用蹦床进行练习的一些方法

利用蹦床进行练习可以提高身体灵敏度和身体综合协调能力和平衡能力。

站在地上向上举起双臂，身体上下伸展，反复进行该动作5至10次。

落地时成仰卧姿势，然后再腾起成站立姿势。落地跪立后再腾起。身体后倒，犹如失去平衡，然后臀部着地成直角坐地再腾起。前空翻1周，双脚落地。后空翻1周，双脚落地。在空中模仿挺身式跳远，分腿腾跃，足球守门员救球，排球运动员扣球、拦网，篮球运动员扣篮、跳水运动员的起跳、腾空、入水等动作。体前屈，侧分腿，两手触及脚尖，然后直体双脚落地。下落时成俯卧姿势，然后再腾起。原地腾起，两臂上举，空中转体180°、360°。蹦床练习需要有一个适应的过程，量力而行，安全第一。

4. 发展协调能力的练习

可以通过练习不常做方向的动作、改变动作方向，从武术、体育舞蹈中选取动作以及各种徒手动作、简单组合动作等锻炼身体协调能力，如转身一周连续跳远、跪跳后继续向前跳远、前滚翻转体后滚翻等。也可以进行前后、左右并伴以交叉方式的练习和以单脚为轴心进行转体活动等方式提高身体协调能力。

5. 利用跳绳进行的一些练习方法

利用跳绳提高身体协调度的方法有：①扫地跳跃，将绳子折成多段握在手里，以下蹲的方式向前做跳跃练习；②跳蛇形绳，多个队员在一根不停抖动的绳子上跳来跳去，在一定时间内接触绳子最少的为胜者；③跳波浪绳，与跳蛇形绳类似的动作和方式；④跳粗绳，一人拿根绳子做圆周运动，其他队员随这个动作跳起，碰到绳子的人与其交换角色；⑤走矮子步，两人将绳子拉直，并降低高度，其他成员在绳子底下做滑步动作或矮子步；⑥集体跳绳，这是经常见到的一种游戏活动，规则是碰到绳子就替换摇绳子的人。还有交叉跳绳和双人跳绳，其动作规则和集体跳绳类似。

6. 发展平衡能力练习

在平衡木上做一些简单动作。各种站立平衡：俯平衡、搬腿平衡、侧平衡等。做动作或急跑中听信号完成突停动作。一对一弓箭步牵手互换面向站立，虚实结合互推互拉，使对方失去平衡。头手倒立，肩肘倒立、手倒立停一定时间。一对一面向站立，双手直臂相触，虚实结合相互推，使对方失去平衡。在肋木上进行横跳、上下跳练习。

提高身体旋转平衡能力的方法有：①以体操棒为中心，先扶着然后松开拍掌，然后再次扶住保持体操棒不倒；②将球向空中抛起，身体做旋转动作；③身体自绕一周旋转并以直线运动；④闭上眼睛原地转 7 圈后，闭着眼睛向前走 10 步，最后看方向的准确性；⑤沿着设有障碍物的曲线进行转体跑步；⑥原地跳转圈运动，在经过一圈、两圈、三圈的转圈活动后能够站稳。

7. 提高反应判断的练习

做与口令相反的动作。这种游戏有叫号追人、抢占空位、抢断篮球等。一对一脚跳动猜拳、手猜拳、打手心手背、摸五官等练习。跳绳两人摇绳，从绳下跑过转身，从绳上跳过等。听信号或看手势急跑、急停、转身、变换方向的练习。一对一互看对方背后号码。一对一追逐模仿。原地、行进间或跑步中听口令做动作。例如：喊数抱团成组，加、减、乘、除简单运算得数抱团组合，看谁最快等。按口令做动作。听信号的各种姿势起跑。例如：站立式、背向、蹲、坐、俯卧撑等姿势。

二、耐力素质练习方法

提高耐力素质的关键是提高肌肉耐力。可以通过有氧和无氧耐力锻炼的方式实现这一目标。下面是一些提高耐力素质的方法。

（一）有氧耐力练习

1. 长时间划船

持续划船 20 分钟以上。运动强度在 55% 左右。

2. 竞走追逐

两人在跑道上相距 10 米，后面的人追前面的人，运动强度在 55% 左右。要求按照竞走的标准，不能以跑代替。

3. 定时跑

在合适的场所进行 15 分钟左右的定时跑步。运动强度达到 55%。

4. 登山游戏或比赛

从山下到山上进行登山比赛，路线可自选也可以提前规划好，以最先到达的团队为胜者。运动强度在 50% 左右。

5. 连续踩水

在水中将手臂伸出水面练习踩水动作。每次在 3 分钟左右。运动强度在 50% 左右。

6. 大步走、交叉步走或竞走

选择合适场合进行大步走、交叉走训练。运动强度在 45% 左右。

7. 定时定距跑

选择合适场合在规定时间内跑完一定距离。例如，在 20 分钟内跑完 4000 米，运动强度在 55% 左右。

8. 10 分钟带球跑

在足球场内带球跑步 10 分钟，中间不休息，也不能原地运球。运动强度在 45% 左右。

9. 长时间滑雪、滑冰

持续滑冰或滑雪时间在 15 分钟以上，运动强度在 55% 左右。

10. 变速跑

在运动场地上以快跑和慢跑相结合的方式进行锻炼，一般中距离快跑和慢跑分别相差 400 米和 200 米。长跑的距离分别为 1000 米和 400 米。快慢跑的心率一般控制在 140 次/分钟和 120 次/分钟左右。中间休息时，心率需保持在 100 次/分钟以下再开始进行练习。

11. 沙地竞走

在沙地上进行竞走练习，距离不超过 1 千米，运动强度不高于 60%。

12. 3 分钟以上跳绳或跳绳跑

选择合适场合，原地双臂摇摆跳绳跑 2 分钟，心率不高于 150 次/分钟，休息时，心率降至 120 次/分钟后再进行重复练习。

13. 重复跑

在跑道上进行一定距离有氧重复跑练习，一般要求跑步距离较长但强度不宜过大。运动强度在 55% 左右。

14. 沙地连续走或负重走

在沙地上快步走，一般距离在 600 米左右，心率要求不超过 160 次/分钟，运动强度在 50% 左右。

15. 水中快走或大步走

在深度为 35 厘米左右的浅水中进行快步走练习，距离在 250 米左右，运动强度不超过 55%。

16. 越野跑

选择合适场合进行越野跑练习，距离一般在 10000 米左右，运动强度在 45% 左右。

17. 5 分钟运球跑

在篮球场一边运球一边跑步，持续时间为 5 分钟，中间不能间断。运动强度在50%左右。

18. 定时走

选择合适场合自然走30分钟左右，运动强度在45%左右。

19. 水中定时游

在水中不间断游泳，没有姿势要求，但需要规定时间，如20分钟。运动强度在45%左右。

20. 法特莱克跑

选择合适场合进行越野跑，时间在30分钟左右，运动强度在50%左右。

（二）无氧耐力练习

1. 综合跑

在跑道上做改变方向的跑步，如向前跑步和倒退跑步。距离在400米左右。运动强度在65%左右。

2. 迎面拉力反复跑

在跑道上进行迎面接力跑步，运动强度在75%左右。

3. 原地间歇高抬腿跑

选择合适场合进行高抬腿运动以提高身体耐力，可以分为乳酸性无氧耐力和非乳酸性无氧耐力训练，运动时动作要快且符合规范，运动强度为80%。

4. 变速跑

变速跑是快速跑和慢速跑相结合的方式，运动距离要结合运动员项目决定。可以分为乳酸性无氧耐力跑和非乳酸性无氧耐力跑，运动强度在75%左右。

5. 间歇行进间跑

这种跑步的距离分为30米、60米、80以及100米。中间休息2分钟，运动强度在85%左右。

6. 反复加速跑

在跑道上进行加速跑步，距离一般为 100 米。运动强度在 75% 之间。

7. 法特莱克跑

选择合适场地以不同速度进行跑步，距离在 3500 米左右，可以采取递增式增加速度的方法进行跑步，运动强度为 65% 左右。

8. 反复跑

反复跑步的距离一般在 60~150 米之间，根据运动项目和运动员自身素质决定重复跑的次数。心率控制在 180 次/分钟，中间休息时的心率在 120/次分钟。可以根据不同需求选择合适的跑步距离和强度。

9. 高抬腿跑转加速跑

这种跑步方式一般先跑 20 米然后再增加速度跑 80 米，运动强度不超过 85%。

10. 连续侧滑步跑

在跑道上进行侧步跑锻炼，一般距离为 125 厘米左右，运动强度在 65% 左右，心率控制在 160 次/分钟。

11. 间歇接力跑

间歇接力跑距离为 200 米，分成两组，每组为两人，重复跑步 9 次左右。

12. 原地或行进间间歇车轮跑

选择合适场地进行原地车轮跑，分为 6~8 组，每组跑 60 次左右，运动强度不超过 80%。

13. 球场往返跑

以篮球场两边端线为跑步的起点和终点进行反复跑。运动强度为 65% 左右。

14. 反复变向跑

选择合适场地进行前后左右变化方向跑步，持续跑步时间为 2 分钟，中间休息 4 分钟左右，一般为往返跑，中间休息时心率降至 120 次/分钟以下即可进行下一轮跑步训练，运动强度不超过 70%。

15. 反复起跑

反复起跑姿势为站立式和蹲距式，距离为 50 米左右，重复 3~4 次，中间休息 1 分钟。

16. 计时跑

计时跑的距离设计一般为：比运动员专项距离长或重复次数多且距离稍短的跑步。中间休息时间为 4 分钟左右，可以根据运动员基本素质而定。运动强度在 80% 左右。

17. 变速越野跑

选择合适场地进行越野跑步，中间可以进行 100 米左右的加速跑步，增加速度快跑的距离不超过 1500 米。运动强度在 70% 之间。

18. 反复超赶跑

选择合适场地以 10 人为一队列进行中速跑步，按照口令队伍，尾部队员更换到队伍前面，一般重复进行 7 次左右，运动强度为 70% 左右。

19. 间歇后蹬跑

在行进过程中进行后蹬跑步，距离一般在 70 米左右，中间休息 2 分钟，运动强度为 80%。

20. 反复连续跑台阶

在台阶高度为 20 厘米的楼梯上以每步 2 个台阶跑步，要连续跑 35 步左右的台阶，重复进行 6 次，中间不间断，运动强度不超过 70%。

（三）肌肉耐力练习

肌肉耐力练习的负荷强度要比力量练习小，但是锻炼的时间较长，练习的次数也较多。具体要结合不同的运动项目和运动员身体素质。

1. 半蹲连续跳

在草地上成半蹲状，双脚连续向前跳，一般连续跳的次数在 25 次左右。中间休息 5 分钟。运动强度不超过 60%。

2. 沙地竞走

在沙地上竞走，距离大约在 800 米左右。中间休息 3 分钟，速度要快，动作要规范。运动强度不超过 60%。

3. 连续跳推举

身体处于蹲立状态，两只手握住杠铃并提至胸。连续做此动作，一般在 25 次左右。中间休息 3 分钟，运动强度为 50% 左右。

4. 1 分钟立卧撑撑

从站立姿势变为双手撑地，身体呈下蹲状，然后双腿向前伸直成俯撑状，再将腿收回成蹲撑，最后恢复为站立状。每次锻炼时间为 1 分钟，中间休息 5 分钟，动作要规范。运动强度不超过 55%。

5. 连续换腿跳平台

选择一个高度大约为 40 厘米左右的平台，一只脚置于平台上，另一只脚站立在地上，双脚轮换位置约 40 次左右。做此动作时上身要直立，双臂相互配合。中间休息 3 分钟，运动强度在 60% 左右。

6. 沙地后蹬跑或跨步跳

在沙地上进行后蹬跑练习，距离大约为 90 米左右，中间休息 5 分钟，运动强度约 60% 左右。

7. 连续半蹲跑

以半蹲姿势进行跑步约 60 米左右，中间休息约 4 分钟左右。没有速度要求，返回时要保持放松。运动强度不超过 60%。

8. 原地间歇车轮跑

选择一个地点原地跑步，一般 60 次左右，中间休息 3 分钟左右。运动强度在 55% 左右。

9. 水中支撑高抬腿

在深度为 45 厘米的水池中，胸部前倾，双手借助池壁做支撑并将腿抬起反复进行练习。一般连续 50 次左右，中间休息 5 分钟，运动强度不超过 60%。

10. 沙滩跑

在沙地上进行快速和慢速相互交叉的自由跑步，运动强度不超过 55%。

11. 原地间歇高抬腿跑

选择合适地点进行高抬腿跑步，一般在 125 次左右，中间休息 3 分钟，运动时间不限制，但是动作要连续和规范，运动强度不超过 55%。

12. 长距离多级跳

在跑道上进行多级跳运动，距离在 100 米以内，一般在 35 次左右，中间休息 5 分钟，运动强度在 65% 左右。限定时间会提高运动强度，要注意休息。

13. 沙地负重走

背负杠铃在沙地上行走，距离为 800 米，中间休息 3 分钟，心率控制在 150 次/分钟左右，运动强度不超过 60%。

14. 连续跑台阶

在台阶高度为 20 厘米的楼梯上跑步，每次在 40 步左右，一般跑 6 次，每次休息 5 分钟，不规定时间，但动作不能间断，运动强度在 60% 左右。

15. 水中高抬腿跑

在深度为 45 厘米的水池中进行原地高抬腿跑步，中间休息 4 分钟，运动强度不超过 60%。

16. 重复爬坡跑

在有一定倾斜度的斜坡上跑步练习，距离在 250 米左右，一般重复 5 次，中间休息 4 分钟左右，运动强度在 65% 左右。

17. 逆风跑或负重耐力跑

在有飓风的天气迎风跑步，距离要在 1000 米以上，一般重复 5 次左右，中间休息 5 分钟，运动强度不超过 60%。

18. 连续深蹲跳

原地下蹲后迅速跳起,动作要快,落地后立即跳起,重复 25 次左右,中间休息 6 分钟左右,运动强度在 60% 左右。

19. 后蹬跑

在跑道上进行后蹬跑练习,距离不超过 150 米,中间休息 4 分钟左右,运动强度在 55% 左右。

20. 负重连续转跳

肩部扛杠铃做原地跳,重复 40 次左右,中间休息 4 分钟左右,运动强度在 45% 左右。

三、力量素质练习方法

(一) 腰部力量训练

1. 负重体侧屈

重点:身体保持竖直,以肩宽的宽度打开双腿,把杠铃扛在肩上进行左右体侧屈。注意多次练习,不适合快速练习。

功效:侧重练习能够锻炼身体侧屈的肌肉力量。如腹直肌、臀中肌、腹内外斜肌、骶棘肌等。

2. 负重体回环

重点:身体保持直立,双腿打开,双手紧紧握住杠铃片或其他质量较重的东西,双臂伸直并把腰部作为中心做体回环动作。注意多次练习,动作一定要缓慢。

功效:侧重练习身体伸展、侧倾以及屈曲肌群的力量。

3. 负重弓身

重点:身体保持竖直,以肩宽的宽度打开双腿,双臂把杠铃置于颈后,收紧腰部和腿部,类似于鞠躬一样把上半身缓慢前屈,臀部向后方移动,让上半身变成水平状态,之后向上挺直身体。弓身时允许直腿或屈腿,也可以坐在凳子上。

功效：侧重练习半膜肌、骶棘肌、股二头肌、斜方肌、半腱肌、臀大肌、大收肌力量。

4. 山羊挺身

重点：身体在鞍马或山羊上进行俯卧，把双脚紧紧固定在肋木间，手拿杠铃或杠铃片等物品置于颈后，进行体前屈和挺身起。进行前屈时动作要缓慢并充分挺起，把身体变为反弓形。也可以在长凳上进行俯卧，保存双腿不动进行俯卧起身或者进行两端不动的俯卧挺身静力练习。

功效：主要发展伸展躯干和伸髋的肌肉力量。

5. 负重侧拉

重点：身体直立，双腿分开，一只手提壶铃进行练习体侧屈。手臂要保持伸直状态，身体最大程度向侧下方弯曲，身体两边要轮流进行练习。哑铃或者哑铃片也可以被选择进行此项练习，也可以在山羊或长凳上进行侧卧，双腿不动，颈后持杠铃片负重侧卧起。

功效：和"负重体侧屈"相同。

（二）腿部力量训练

1. 举腿

重点：在升降练习架上仰卧，双腿蹬住练习架完成腿屈伸动作。可以进行不同速度（快、中、慢）和不同双腿间距（膝脚靠拢，膝脚分开）的练习。

功效：侧重练习小腿三头肌、股四头肌、半腱肌、臀大肌、半膜肌、股二头肌、大收肌、屈足肌群力量。

2. 半静蹲

重点：颈后或胸前持杠铃屈膝下蹲至大腿水平部位，保持这个姿势不动，或做好半蹲姿势对抗不动物体，静止 6~12 秒。可依据动作结构和需求调整角度完成练习。

作用：主要练习伸膝肌群力量和躯干支撑力量。

3. 胸前深蹲

重点：上半身保持直立，抬头挺胸别腰，双手紧握杠铃放在肩胛和锁骨上，平稳屈膝进行下蹲。其他注意事项和颈后深蹲相同。

功效：和颈后深蹲差不多，不过前蹲因为胸部承受的压力相对较大，进行伸膝、屈足肌群时阻力会变大，可以更加充分地练习伸膝肌群和躯干伸肌的力量。

4. 颈后深蹲

重点：上半身保持直立，抬头挺胸别腰，双手紧握杠铃放在颈后肩上。进行动作练习时要挺直腰背，平稳屈膝进行下蹲，调整站距（宽、中、窄）、速度（快速、中速、慢速、反弹）。注意无论下蹲还是起立，膝与脚尖方向要保持相同。

功效：练习股二头肌、股四头肌、臀大肌、伸髋肌群力量。

5. 半蹲

重点：双手紧握杠铃放在颈后肩上，挺胸别腰，当屈膝进行下蹲近水平位置时，立刻伸腿起立。其他注意事项和"颈后深蹲"一样。也可以用坐蹲的方式完成该练习。

作用：练习躯干支撑力量以及伸膝肌群力量，尤其是内侧肌、小腿头肌、股四头肌的外、股后肌群。

（三）前臂力量训练

选择少组数（3~5 组），多次数（16 次以上），组间歇时间较短的方法进行前臂力量训练。训练时要持续加大负荷（强度），想要让前臂力量快速增长就需要用大负荷量（大强度）刺激前臂。

1. 旋腕练习

重点：身体保持竖直，两臂前平举，以反握或正握姿势紧握横杠，再利用屈腕和伸腕力量将重物卷起来，进行多次练习。

功效：练习前臂屈手肌群和伸手肌群力量。

2. 斜板正握弯举

重点：两手与肩同宽正握杠铃，把肘关节放在一块斜度约 40 度的木板上缘。掌心向下，慢慢将杠铃举起、放下。完成举起动作时，要最大程度把杠铃举至颈部。

功效：主要练习深层屈指肌力量。

3. 腕屈伸

重点：身体保持竖直，两手反握或正握杠铃做腕屈伸动作，前臂固定在膝上或凳子上。腕屈伸至最高点，稍停顿，再还原。坐着练习也可以，使用哑铃或杠铃片完成交替腕屈伸。

功效：侧重练习手腕和前臂屈手肌群以及伸手肌群力量。

（四）胸部力量训练

有多种方法可以用于胸部力量的练习，如器械练习哑铃、杠铃、拉力器等，也有空手练习胸部力量的动作。可以肯定的是：一切上体高于下肢的斜板卧推和飞鸟动作对练习胸大肌上部力量是有好处的；而下肢高于上体的斜板卧推和飞鸟动作对练习胸大肌下部力量是有好处的。平卧做卧推的效果由杠铃推起和放下的位置决定。假如杠铃距离颈部较近，则使胸大肌上部力量得到练习；假如杠铃靠近乳头一侧，则是胸大肌中部力量得到练习。相同道理的还有交叉拉力器练习，高位置进行双手相交则练习胸大肌上部力量；相反的就是练习下部力量。

1. 直臂扩胸

重点：身体保持竖直，双手各持一个哑铃或杠铃片，先直臂向胸前与肩关节成水平位置举起，然后直臂向两侧充分扩胸，还原后反复练习。

功效：向前侧重练习胸大肌、前锯肌力量、三角肌前部；向后侧重练习斜方肌、三角肌后部、背阔肌力量。

2. 仰卧扩胸（飞鸟）

重点：在练习凳上保持仰卧，双手各拿一个哑铃完成向体侧放低与上举动作。放低时可稍屈肘，充分扩胸。上举时臂伸直。可调整斜度进行练习，杠铃片可适用于该练习。

功效：侧重练习前锯肌、三角肌、胸大肌力量。

3. 斜板卧推

重点：宽握杠铃仰卧于斜板上，脚高于头，朝着胸中部慢慢放下杠铃，肘关节外展与身体成90度角，再迅速发力向上举起杠铃，以固定节奏重复练习。哑铃也适用于该练习。

功效：侧重练习三角肌、肱三头肌、胸大肌下部力量。

4. 直臂侧下压

重点：两臂侧上举各握住一拉力器，然后用胸大肌和背阔肌力量做直臂侧下压动作，反复练习。也可做侧卧直臂下压动作。

功效：侧重练习胸大肌、背阔肌力量。

5. 颈上卧推

重点：在卧推架上保持仰卧，有三种握距，即宽、中、窄，手拿杠铃或哑铃，屈臂至颈根部，两肘最大程度外展，将杠铃推起至两臂完全伸直，进行多次练习。

功效：侧重练习三角肌、胸大肌上部、肱三头肌力量。

（五）肩部力量训练

肩部肌群是进行肩部力量训练的主要内容，尤其是位于锁骨末端的三角肌的力量训练。肩部三角肌有前部、侧部、后部三束肌肉，并以肩部为中心形成一个圆球。针对不同肌肉要有不同的动作，让全部三角肌得到充足的练习。与此同时，也要有针对性的练习斜方肌力量，这样才能使肩部力量得到充分运用。详细的技术动作如下。

1. 俯卧飞鸟

重点：在练习凳上保持俯卧，两臂稍屈，向外侧举哑铃成飞鸟姿势，两臂还原时放松，反复练习。直立飞鸟、仰卧飞鸟也可以完成该动作。杠铃片可适用于该动作。

功效：侧重练习三角肌后部、大圆肌、斜方肌、胸大肌力量。

2. 两臂前上举

重点：双手以肩宽正握杠铃。向上提起杠铃至头顶高举。上举时肘关节外展，杠铃和脸部的距离保持30厘米。以固定节奏多次练习。

功效：侧重练习三角肌侧部力量。

3. 胸前推举

重点：两手持铃将杠铃翻起至胸部，然后立刻上推过头顶，再屈臂将杠铃放下置胸部，再上推过头顶，反复练习。也可用哑铃或壶铃练习。

功效：侧重练习前锯肌、三角肌侧前部肌肉、肱三头、肌斜方肌力量。

4. 持铃侧前平举

重点：双脚紧靠站立，双手握哑铃放在大腿前，向身体两侧同步举起哑铃，随后向前平举，再还原到最初位置，如此反复。注意，做动作时，肘关节要一直处于稍弯曲状态。

功效：侧重练习三角肌群力量。

5. 持铃侧上举

重点：双脚分开站立，双手紧握哑铃或杠铃片放在肩部，向上举越过头部，双臂慢慢打开，保存掌心向下变为侧平举。再还原到最初位置，重复练习。

功效：侧重练习三角肌前侧部、前锯肌、斜方肌力量。

6. 直臂前上举

重点：把双脚分开，身体成竖直状态，双臂下垂，约为肩部的宽度持铃，直臂向上举起杠铃。使用哑铃或杠铃片也能完成此动作。也可以做仰卧直臂上举。

功效：侧重练习胸大肌、三角肌前部、前锯肌、斜方肌力量。

7. 俯立臂平举

重点：上半身前屈和地面保持平行，双臂下垂各握一个哑铃，再将双臂向侧举哑铃到最高处，还原到最初位置。

功效：侧重练习三角肌、大圆肌、斜方肌的力量。

8. 翻铃坐推

重点：双手以正握姿势握住杠铃，并置于体前下胸部，双臂向上举杠铃置头部上方，被动用力把杠铃置于颈后，把杠铃从颈后推起，高于头部后，再被动用力把杠铃缓慢降至体前下胸部，还原最初姿势，重复练习。不同握距也可以进行此动作练习。

功效：侧重练习斜方肌、三角肌群力量。

9. 直臂侧上举

重点：身体保持竖直，双臂下垂握住哑铃或杠铃片，完成直臂侧上举动作。侧卧直臂上举以及坐姿侧上举也可以进行此练习。

功效：侧重练习三角肌、前锯肌、斜方肌力量。

10. 颈后推举

重点：身体保持竖直，挺胸别腰，握距保持与肩同宽，把杠铃翻到颈后位置，再把杠铃从颈后推起到两臂全部伸直，重复练习。该动作的握距可改变，宽窄都行，也可以用于坐姿练习。

功效：与胸前推举大致一样。

（六）上肢力量训练

1. 仰卧撑

重点：身体保持仰卧，双臂伸直撑在大概距离 50 厘米的高台或肋木上，屈臂将背部向高台或肋木靠近，再迅速推起将双臂伸直，持续重复 10~15 次。负重物或把双脚抬高提高难度都可以进行此练习。

功效：侧重练习肱三头肌、背阔肌、三角肌力量。

2. 颈后伸臂

重点：双腿保持一腿在前，一腿在后直立。双手各紧握拉力器一端并放颈后，两肘向外侧伸展，双臂向前伸让双臂成伸直状态。全部动作保持头朝下，并重复练习。

功效：主要发展肱三头肌上部和外侧部力量。

3. 窄握距卧推

重点：在卧推架上保持仰卧姿势，以最大握距距离 30 厘米窄握杠铃，双臂伸直，举杠铃到胸前接着向下放到胸部位置，两肘向外伸展，推起杠铃时最好运用肱三头肌力量，并重复练习。

功效：侧重练习肱三头肌外侧头、三角肌、胸大肌力量。

4. 弯举

重点：身体保持竖直，以肩宽的握距反握杠铃，屈前臂把杠铃举高到胸前。在综合练习器上使用杠铃或哑铃都可以进行该练习。仰卧弯举、斜板哑铃弯举、肘固定弯等器械也都适用于该项练习。

功效：侧重练习肱二头肌、肌桡肌、肱肌力量。

5. 双臂屈伸

重点：不负重或脚上挂重物、捆上沙护腿、穿上沙衣等，在间距较窄的双杠上做双臂屈伸动作。在进行练习时身体要呈现出反弓形，双肘紧紧依靠身体两侧。向下屈臂时动作要充分，还原到最初位置后重复练习。

功效：侧重练习胸大肌、肱三头肌、背阔肌力量。

6. 颈后臂屈伸

重点：身体保持竖直，双臂以与肩同宽的握距反握杠铃并向上举（正握也行，不过效果不如反握），完成颈后臂屈伸动作。练习时双臂要在头部的两侧保持不动，两肘向上，上半身不动，最大程度后屈。其他重物如哑铃、杠铃片等也适用于该项练习。

功效：主要练习肱三头肌力量。

7. 窄握距引体向上

重点：双手最大间隔为10厘米，掌心向下，把腕屈成钩并把单杠勾住。身体呈悬挂姿势，向上拉起至下颌过横杠。然后两肘关节保持在较高位置，以肘关节为轴心，上臂慢慢放下10~15厘米，再上拉，当颈部接触横杠时停止。注意此项练习的动作需缓慢有节奏，并重复完成。

功效：侧重练习背阔肌、肱二头肌、胸大肌、肱肌力量。

8. 仰卧颈后臂屈伸

重点：身体呈仰卧状态，头伸出凳端数厘米，双手距离30厘米，以反握姿势握住杠铃，并把杠铃举在胸前，屈肘使杠铃缓慢下降，等下降到凳端时，再伸肘把杠铃举回胸前，重复练习。哑铃也适用于该练习。

功效：侧重练习肱三头肌力量。

（七）背部力量训练

人体最大肌肉是股四头肌，第二大肌肉是背阔肌，进行背部力量训练的目标是使背阔肌、冈下肌、大圆肌、前锯肌、小圆肌、骶棘肌、斜方肌等肌群力量得到充分利用。注意动作完成的准确性，肌肉收缩要充分，这样背部力量才能得到有效锻炼。

1. 直腿硬拉

重点：双腿直立，上半身前屈，挺胸紧腰，双臂伸直，握距可选择宽窄紧握杠铃，伸髋、展体把杠铃拉起直到身体挺直。动作还原到最初后重复练习。每组练习2~5次。在完成上拉动作时腰背肌群要收紧，杠铃要与腿部靠近。

功效：侧重练习骶棘肌、臀大肌、背阔肌、大收肌、斜方肌、半膜肌、股二头肌、半腱肌等这些用于伸展躯干和伸髋的肌肉力量。

2. 俯立划船

重点：上半身前屈 90 度，抬头，以正握姿势握住杠铃。双臂先保持垂直姿势，再屈臂将杠铃向小腹靠近之后还原，然后重复练习。在进行上拉动作时肘要靠近体侧，上体保持不动，腕部不屈。为了减少腰部负担，练习时前额可以顶在山羊或鞍马上，降低腰部负担。壶铃、哑铃、杠铃片等都适合做该项练习。

功效：侧重练习背阔肌上、三角肌、中部以及斜方肌力量。

3. 俯卧上拉

重点：在练习凳上保持俯卧，双臂悬空持杠铃并同步把杠铃上提，停顿片刻，动作还原到最初，重复练习。使用哑铃、壶铃也可完成该动作。

功效：侧重练习三角肌、背阔肌、斜方肌力量。

4. 持铃耸肩

重点：身体保持竖直，以正握姿势握住杠铃，依靠肩部斜方肌的收缩力，让两肩胛向上凸起（肩峰差不多达到耳朵位置），达到最高位置时还原至最初动作，重复练习。

功效：侧重练习斜方肌力量。

5. 高翻

重点：双脚以肩宽距离保持站立，双手以与肩同宽的握距正握杠铃，挺胸别腰，把杠铃提至大腿中下部位置时快速发力，使杠铃翻举至胸部位置，动作还原至最初后重复练习。

作用：主要练习背阔肌、斜方肌、骶棘肌力量。

（八）腹部力量训练

髂腰肌、腹外斜肌、腹直肌、腹内斜肌是腹部力量训练的主要发展力量。骨盆底部距离胸骨的长短基本依靠腹肌收缩来缩短。在动作标准的仰卧起坐或仰卧举腿中，这种收缩动作只有很小一部分。所以，练习腹部力量中比较有效的方法是半仰卧起坐，即上体抬起幅度需为全幅度的 1/4 或 1/2。

1. 悬垂举腿

重点：双手上举紧握单杠，握距同肩宽，身体悬空，将双腿伸直或稍微屈向上举到水平位置，重复练习。另外，在双杠上完成两臂支撑的悬垂举腿动作也是可以的。

功效：和仰卧举腿相同。

2. 蛙式仰卧起坐

重点：身体在垫上仰卧，双脚靠拢，两膝分开，双手放置头后，向上抬头，让腹肌呈现紧张收缩的状态，保持2秒，动作还原至最初，反复练习。

功效：侧重练习腹直肌力量。

3. 半仰卧起坐

重点：身体在地上或练习凳上保持平躺，双手持杠铃片，放置头部后方，双脚保持不动，双膝逐渐弯曲。在上半身进行抬起动作时背下部和腹部要紧贴地面或练习凳。大口吸气，呼气放松，进行收缩时停顿2秒。在胸前放上重物也可进行此练习。

作用：主要练习腹直肌上部力量。

4. 仰卧起坐

重点：身体在凳上或斜板上保持仰卧，双脚保持不动，双手抱头，屈上体坐起，动作还原至最初，重复练习。把两手放置颈后持杠铃片或其他重物也可以进行此练习。

功效：侧重练习髂腰肌、腹直肌力量。

5. 仰卧举腿

重点：身体在斜板上仰卧，双手放在身体两侧紧握斜板，双腿伸直或稍微屈向上举至垂直位置。

作用：主要练习腹直肌、髂腰肌力量。

（九）全身力量训练

1. 抓举（下蹲式抓举）

重点：预备姿势、提铃、发力、下蹲支撑与起立是抓举的四个完整部分。前三个部分动作和宽上拉相仿。下蹲支撑与起立是在发力快要完成的瞬间，屈膝下蹲，提肘伸臂，把杠铃锁肩支撑于头顶上方并随即伸膝起立。

功效：和高抓相同，可以充分练习全身力量和爆发力。

2. 箭步抓

重点：预备姿势、提铃、发力同宽上拉。在发力快要完成时，迅速完成前后箭步分腿动作，同时把杠铃提拉高过头部，双臂伸直做锁肩支撑，并重复动作。

作用：基本同高抓，并能有效发展爆发力。

3. 高抓

重点：高抓技术划分为四个部分，即预备姿势、提铃、发力、半蹲支撑。预备姿势、提铃、发力这三部分是同宽上拉。在发力时进行提肘的瞬间是半蹲支撑的起始，此时杠铃快要转入惯性运动，腿部可以自由动作，双腿可屈膝半蹲，双臂在进行半蹲时积极提肘持续提铃，当身体降至横杠高过头部瞬间，以肘为"轴"甩前臂，将杠铃锁肩支撑在头部上方。分腿高抓以及直腿高抓也可以完成该项练习。

功效：侧重练习伸展躯干、伸膝、伸髋、肩带肌群力量，而且可以充分锻炼爆发力。

4. 宽上拉

重点：以做上拉的预备姿势，选择宽握距握铃。在杠铃到达大腿中上部位置时，做蹬腿、伸髋、展提、耸肩、提肘、起踵等动作。宽上拉的做法多样，有膝上拉、直腿拉、宽硬拉、悬吊式上拉等。助握带也适合完成该练习。

功效：基本同窄上拉。

5. 窄上拉

重点：向横杠靠拢，站距约与髋同宽。两臂下垂选择肩宽作为握距，挺胸别腰，进行下蹲提铃。当杠铃到达大腿中下部位置时，全身发力，做蹬腿、伸髋、展体、起踵、耸肩、提肘等动作，让杠铃保持上升，身体随即完成屈膝、半蹲或直腿动作，与此同时进行提肘。窄上拉的做法多样，有直腿拉、悬吊式窄拉、窄硬拉、膝上窄拉等。

功效：侧重练习股四头肌、骶棘肌、斜方肌、半腱肌、臀大肌、小腿三头肌、大收肌、股二头肌、半膜肌、三角肌、肱肌、前锯肌、屈足肌群力量。

四、速度素质练习方法

可以采取多种方法提升速度素质，并通过实践教学逐渐得到强化。

（一）动作速度

1. 发展动作速度的技术动作

发展动作速度时，应挑选合适的速度。通过不同动作速度的练习就能获得最快速度。此外，还应该培养一个合适的速度节奏，减少速度的影响。通常情况下，我们采取慢、快、最快、慢的节奏，中间加入速度、力量等进行素质训练。

（1）采取器械的练习

击球动作。按照个人身高情况，将球悬挂在墙边1米的地方，练习者保持站立的姿势迅速用手掌反复击打球。要求每天练习2~3组，1组20~30次。

推体操棒。练习者双手正握体操棒保持与肩同宽，双腿交替前后跳跃并推动体操棒。

投掷铁棒。练习者单手持握细铁棒，铁棒一般重约0.5公斤，长约40厘米，反复投掷铁饼和做出手动作。每天练习2~3组，1组5~7次。

击打沙袋。练习者保持双脚前后站立，用自身能够达到的最大速度反复击打身前的沙袋。通常每隔10~20秒计算击打次数，每天需要练习4~6组。

投掷棒球。距离墙面15米开外，练习者反复投掷棒球，速度越快越好，通常为20个棒球，2~3次为1组。

投掷沙袋。双腿分前后站立，练习者通过拇指、食指夹住沙袋，投之前保持身体向后蓄力，尔后飞速投出沙袋。通常，沙袋重约0.2千克，1次练习20~30次。

挥臂练习。练习者保持身体正直站立，于头顶悬挂沙袋，原地跳跃做排球扣杀动作。1组排击20次，每次练习约为2~3组。

传送沙袋。两个练习者面对面站立，均双腿夹住沙袋。单人原地跳跃将沙袋传给对方。期间，需强调速度和配合。通常，20次为1组，每天练习2~3组。

投掷铁球。练习者将铁球放在身体后,做出投掷标枪的动作,蓄力后向前快速行走3步后投出。练习中,要求铁球重约0.3~0.5千克,每天练习2~3组,每组6~8次。

面墙投球。练习者面墙而站,飞速将球砸于墙面上,要求练习者能够动作协调,力量均匀。每次练习约10~20次。

(2) 组合练习

跳推体操棒接掷沙袋接加速跑:双手持体操棒于胸前,两脚交替前后跳的同时快速向前平推体操棒,连续20次。然后用掷标枪的交叉步动作,将0.5千克的沙袋向前快速掷出。紧接着20米加速跑,将沙袋捡回。练习2~4组。

移动触吊球接扣球:相距6米悬挂两个吊球,与腰同高。从一端触球开始,往返移动用手触及两个吊球,连续触球20次。然后向前行走两步,上步快速挥臂上手扣悬挂在一定高度的吊球20次。要求速度快,有鞭打动作,练习3组。

快速俯卧撑接原地摆臂:站立,听信号开始做快速俯卧撑10次。练习速度越快越好,也可计时进行。反复练习2~3组。

(3) 徒手练习

起跳快速转体。分为慢跑、三步助跑、摆腿屈膝、空中转体等阶段。练习过程中,要求各个阶段中速度越快越好。3到5次为1组,每次练习3~5组为最佳。

摆臂练习。动作与短跑摆臂基本一致。练习中可以合理采取击掌、口令等方式控制节奏。要注意动作协调性。

翻转练习。飞速跑步中,连续做出毽子接空翻、侧手翻、后手翻、后空翻等动作,要求动作准确、速度飞快、连续不简单。

力量练习。练习者在规定时间内连续完成倒立、屈臂、俯卧撑等动作,并加快练习速度。

体转练习:练习者原地跳起并转体。10~20次为1组,每次练习2~3组。要求速度快。

2. 动作速度练习

高抬腿跑接快速车轮跑。练习者原地高抬腿5~10秒后,车轮跑15米。

快速小步跑。小步跑15米。要求小腿放松,膝踝关节放松。

变速高抬腿跑。练习者在进行高抬腿的过程中,突然以最高速度来进行。此间,要求动作协调,重复4~6次。

悬垂高抬腿。练习者双手握住单杠，双腿交替做高抬腿动作。每次练习以 2~3 组为佳。

高抬腿跑转加速跑。经 10 米高抬腿后，逐渐降低节奏及高度。

听口令、击掌或节拍器摆臂。练习者前后分开站立，按照口令做节拍，一并做好摆臂练习。

快速小步跑转高抬腿跑。小步跑 5~10 米后，转入高抬腿。小步跑要放松，高抬腿要加快频率。

快速小步跑转加速跑。练习者由小步跑 10 米转入加速跑。运动期间不能降低节奏，待 30 米后可放松。一般，重复快速小步跑。

原地快速高抬腿或支撑高抬腿。起先，练习者保持站立，按信号做高抬腿动作 10~30 秒，要求大腿抬高，上体不后仰。

（二）位移速度

1. 位移速度练习

重复跑。练习者按照最高速度的 95% 以上，反复进行跑步练习。每组 3~5 次，重复 2~3 组。

上下坡跑。练习者根据信号沿途 7~10 度的斜坡进行上下坡跑步。通常 3~5 组。

站立式、半蹲式、蹲踞式起跑。按照技术规范，分别跑 20 米、30 米、50 米、60 米，可计时。每组 3~4 次，重复 3~4 组。

顺风跑。依据天气风向，做顺风跑 30~60 米，可进行计时。每次完成 2~3 组，每组练习 2~3 次。

快速后蹬跑。练习者慢跑后，加快速度 20~30 米。要求动作协调。

后蹬跑变加速跑。后蹬跑 20 米后依据信号加速 20~30 米。要求动作规范，方向向前。

单足跳变加速跑。在 10~15 米后进行单足跳，尔后依据信号加速。每组 2~4 次，重复 2~3 组。

加速跑变交叉步跑。练习者首先加速跑 20 米，尔后交叉跑 5 米。要求动作规范。每组 2~3 次。

倒退跑接加速跑。练习者首先做倒退跑，依据信号急速向前，可计时。每组 3~5 次，每次 3~5 组。

加速跑。练习者起步以最高速度跑步，尔后放松慢跑。加速跑距离依次为 50、80、100 米。每次 2~3 组，每组 3~5 次。

连续加速跑。练习者高速跑步，尔后慢跑 3~4 步，紧接着继续加速。

一般 2~3 组，每组 2~3 次。

上坡跑。练习者上坡加速跑 30 米、60 米、80 米。通常坡度为 7~10 度。要求力量强劲，动作标准。

变向起跑。与行进方向相反，依据信号迅速转体加速。每组 2~3 次，每次 2~3 组。

行进间跑。练习者通过加速 20~30 米，到达距离前达到最高时速。距离可按照 20 米、30 米、50 米、60 米、80 米、100 米循序渐进。

变速跑。练习者按照加速跑、慢跑 30 米、50 米、80 米，或者加速、慢跑。期间可以通过慢跑进行休息。

变速越野跑。在自然环境的条件下，练习者按照慢跑、快跑的顺序依次进行。通常以 5~10 次为最佳。

高抬腿跑转加速跑。起步为高抬腿，依据信号转入加速跑。每组 2~3 次，重复 2~3 组，组间歇 5~7 分钟。

起跑下坡跑。沿 7~10 度的斜坡跑道下坡跑 30~60 米。每组 3~5 次，重复 2~3 组。

交叉步接加速跑。在完成 5 米交叉步跑的基础上，转体完成加速跑，加速跑的距离约为 20 米。练习中，要求动作准确，速度提升。每组 2~3 次，每次完成 2~3 组。

小步跑转加速跑。练习者以慢跑为起步，依据信号迅速加速跑约 30 米。要求速度快、注意力高度集中。一般练习 2~3 组，每组 2~3 次。

2. 发展位移速度的技术动作

提高位移速度可以使肌肉不再过分紧张，动作技术得到提高，使速度力量水平得到发展，使人体的动作更加协调有致，提高身体动作的速度。因此，要想提高位移速度，可以适当进行一些动作速度练习和反应速度的练习，下面针对练习的具体情况进行介绍。

（1）器械练习

前后摆小腿练习：一只脚单独站立，用橡皮带的一端进行固定，橡皮带的另外一端拴住踝关节，抬高大腿，小腿迅速前后屈伸。如果身体不稳，可以扶住物体。注意摆动的频率越快越好，可以练习 2~4 组，每一组练习 30~50 次。

手持哑铃的短跑辅助练习：练习者手拿着哑铃小步跑、拿着哑铃前倒跑、拿着哑铃高抬腿式跑步、拿着哑铃五步单腿跳再加速跑等方式。动作要符合规定要求，哑铃重量在 0.5~2 千克之间即可，练习时候要注意速度，反复练习 3~6 次即可。

扶肋木的短跑辅助练习：如扶肋木小步跑、扶肋木高抬腿、扶肋木摆腿、扶肋木前攻栏、单腿高抬摆动、扶肋木攻摆练习、扶肋木后踢腿和快速跑等。

双臂支撑扒地练习：双臂伸直支撑于地面，脚接触地面，两只脚轮流做前脚掌迅速"扒地"练习，动作要求身体保持平稳，可以反复进行练习。

练习牵引跑：用牵引机、人或者车进行牵引练习。在牵引的时候，让橡皮带或者绳子拴在被牵引者的腰部，具体速度根据运动员的身体状况来定，全速跑30~60米，在跑步的时候要求腿向后蹬，全力尽最大力气跟上牵引的速度，练习可进行2~3组，每一组进行2~3次。

负重高抬腿练习：两条腿捆绑上沙袋，开始慢跑，听到信号之后在原地快速抬腿跑，时间持续20秒，动作要求大腿要抬高到水平位置，要符合规则要求才能开始计算数量，要练习3~4组。

加大难度跑练习：身负一定重量进行跳跃练习，然后把重量卸掉，进行30~60米的快速跑，注意负重的重量要合适，练习重点在于，提高步子的频率，增大步子长度。

穿沙背心上下坡跑练习：练习者要在坡度为5~10度的跑道上，穿沙背心进行练习。练习者进行20米上坡跑之后，然后立即转身下坡冲跑30米。动作要求速度快。可以计算时间。沙背重量约3~7千克，练习3~5次即可。

双人摆臂练习：两人一前一后站立，同一侧手握住同一条橡皮带。两人以最大的幅度和速度前后摆臂。练习2~3组。每组50次即可。

（2）组合练习

牵引上坡跑接下坡跑：练习者在坡度是5~10度的跑道上，快速牵引跑30米，然后放松，慢慢走回原点，再反复练习2~4次，每组间隔休息3分钟，然后快速下坡跑50米，可以按照规定时间跑，反复练习3~5次即可。

混合跑：可以用不同的跑步距离混合进行练习，这样可以增加联系者的反应能力。例如：100米+300米+500米，又或者100米×3+200米×2+300米等距离混合起来练习。一般情况下，组间间歇多为10~15分钟，除此之外，还可以直接通过计时的方式控制组间间歇。根据规定，在间歇时心率必须在120次/分钟以上，否则此次练习无效。

踏标记跑接拍踝跨步跳：将20块海绵块放到跑道上，海绵块的颜色要醒目。间隔距离由实际练习需要决定。每一块海绵的侧面上做上标记。练习者用最快的速度脚踏标记。动作要求脚踏上标记要准确，反复练习4次，再做行进间的快速拍踝跨步跳，腾空时候用手拍打踝部外侧，可反复练习3组，每组5次即可。

让距接力跑：分成若干组，进行不同距离的让距跑，距离可设置成60～100米不等。速度最慢的组在最前面跑，速度最快的组在最后面跑，还可以用迎面接力的方式，让两个队伍进行让距跑。方法和迎面接力相同，动作要严格按照具体规定。

（3）徒手练习

小步跑：在开始时，跑步姿势需站立，然后开始小步慢跑，经过3分钟左右的热身后，开始提高跑步频率，高频率跑20米即可。小步跑时，膝盖和脚踝应该放松，双臂也要随着脚的频率摆动，通常都是由慢到快，直到处于最大运动频率为止。每组练习3次左右，每次练习3个回合。在热身时，也可以用小步跑接后蹬跑、小步跑接加速跑、快步走接小步跑等方式辅助练习。

行进间跑：跑步距离较短，一般是30米、60米、80米等短距离，跑步过程需要计时。跑步时动作要迅速且要掌握一定的技巧。

原地摆臂：两脚稍稍分开，比肩宽窄一点，指导训练的人员会用击掌或者吹口号的方式控制摆臂的节奏，由慢到快，动作必须迅速有力。用计时的方法进行练习，如可以使用模拟摆臂、障碍中摆臂和摆臂后立即加速跑等方式辅助练习。

顺风或下坡跑：顾名思义，就是在顺风条件或有一定坡度的环境下对跑步进行练习，距离多为60～150米。跑步过程中，步幅和频率都需要加到最大，并且需要重复练习。

固定步数跑：在跑完规定步数之后开始加速跑30～60米。这种跑步方法比较难，因为需要步点足够准确，动作和速度都达到最大，也可通过计时的方式进行。

测验式比赛：这样的跑步方法要求用尽全力跑完，一般都是站立式起跑，也可以蹲地式起跑，跑步距离比较短，有60米、100米、200米等。

反复跑：在固定的距离中，反复练习，快速跑动。例如，有20米×3、30米×3、40米×3、50米×3或20+30+40+50米的距离。因为跑步动作幅度太大，所以每次跑完需要有足够的时间休息。

变速跑：利用不同的速度进行跑步练习，按照热身慢跑→加速快跑→有惯性后的放松跑→加最大速跑→逐渐慢跑的步骤进行有序的练习。例如，50米慢跑+50米快跑+100米慢跑+100米快跑等。跑步过程中需要严格控制跑步速度。

车轮跑：就是像车轮滚动一样进行跑步练习，在行进间进行车轮跑50

米。跑步时，大腿必须抬到一定高度，带髋向前跑动，大腿也要快速落地。在练习时可以进行2~3组，每组3~4次。除此之外，也可以变为加速跑或者快速跑。

高抬腿：整个身体直立，根据拍掌或者口号的节奏在原地进行高抬腿练习，每次练习时间为20~40秒。在练习过程中，大腿抬高与地面平行，小腿与大腿保持垂直，摆臂也必须跟着节奏走。也可做行进间高抬腿跑、原地小步跑变高抬腿、高抬腿变加速短跑等练习。

上坡跑：在一定的坡度上练习加速跑。跑动时，逐渐加快频率，腿抬高，与地面充分接触。

加速到最高速度跑：从慢跑加速，再到自己的极限速度，全程大约是120~150米。在这种跑步方法中，可以使用分段快跑的形式（30米中速跑→30米高速跑→30米中速跑→30米高速跑），但是在加速时，必须要有明显的快速感。

直腿跑：在这项跑步运动中，要求腿的摆动伸直，这样跑步的步伐会更大。在不熟练的情况下，可能会出现一系列的问题，所以需要加强练习，把动作做协调。练习的距离大约是20~30米。

后蹬跑：有很强的技术性，在跑步过程中，需要在40~70米后进行蹬跑，然后迅速转换到加速跑，加速跑的距离大概是60米。后蹬跑时，手和腿的频率处于一致，脚尖蹬地，给运动员一个初速度，这样可以在跑步过程中迅速提高速度。一般情况下练习2~3组。在能够接受的情况下，还可以把后蹬跑和其他跑步技巧结合起来。

加速跑：加速跑有多种方式，如上坡式的加速跑60~80米；蹲位式或站立式起跑后加速跑20~40米；从慢跑到快跑过程中逐渐加速跑60~80米等。这种跑步方式要求有明显的加速，并且需要反复练习。

快速跑：这种跑步方法常用于短跑，要求速度足够快，因此起跑姿势都是站立式或半蹲式，在练习时，跑步的距离可分别为30米、60米、90米等短距离。经过不断地练习，才能达到最好的效果。在条件允许的情况下，可以和实力相当的队友一起练习，互相鼓励。

（三）反应速度

1. 反应性游戏

多余的第三者：这是一个多人游戏，两人一组在圆圈中前后站立，全部加入后围成一个圆圈，人与人之间间隔2米左右。两人沿着圈开始跑动追逐，被追的一人跑到其他两个人的前面站立，那么在后面的第三个人就开始跑动，追逐者就改追第三个人，如果被追上，则第三个人失败。

抢球游戏练习：把实心球围成一个圆圈，练习的人数比球数多一个。在练习刚开始的时候需要练习者绕着圈外面慢慢跑，听到指令之后所有人去抢球，如果没有抢到球则被淘汰，然后去掉一个球继续进行游戏。每一轮成功者可以累积一分，最终得分多者获胜。

起动追拍练习：两人相距2~3米的距离，一前一后慢跑，在听到指令之后开始迅速跑，后者追上前者之后，拍击其后背即游戏停止，要求在20米之内追上才算成功，也可以在追赶时，教练发出第二个指令，前者转身，互相追赶。

找伙伴组合：练习者绕着圈子跑步，听教练的指令进行组合，练习者根据指令组成队伍，不符合规定组数人数的则为失败。如果失败的话可以惩罚做高抬腿、俯卧撑、表演节目等。

反应起跳：练习者围成一圈，并向圈里站立。圈内有1~2人站在圆心附近，拿着竹竿或者树枝，注意长度要超过圆的半径。游戏开始时，拿竹竿者让竹竿在围圈者的脚下画圆圈。杆子在谁脚下经过时，这个人就要跳起来，不能让杆子打到自己的脚，如果被打到的话，可以判为游戏失败。拿杆者可以随意变换画圈的方向，提高练习者的反应。

追逐游戏：两支队伍面对面站立相距2米的距离，由教练规定队伍的单双数。教练随意说出一个数字，练习者判断指令是单数还是双数，按照规定叫到单数（或双数）的队伍开始跑，然后另一支队伍追，在15~20米距离追上就为胜利，追不上就会失败。

猎人与野鸭：参与游戏的练习者被分成"野鸭"和"猎人"两支队伍。"猎人"围成圆圈，以两手臂长度间隔站立。根据人数多少，在"猎人"脚前画出圆圈。"野鸭"站立在圆圈内，1~2名猎人手里拿着排球。"猎人"在圈子外面用排球投掷"野鸭"。"野鸭"只能在圈内躲避排球，被排球砸中即为失败。"猎人"可以互相传球击打"野鸭"，直到把所有的"野鸭"消灭干净，然后再互相交换身份。动作要求不能打击"野鸭"头部，"猎人"不能进圈子。

2. 反应练习

反应突变练习：锻炼者根据指令做出交叉步、滑步、上步等接球、转身、移动、上步垫球、急停等模仿性练习。

听枪声及口令起跑。蹲踞式或站立式起跑20米。组数及每组次数根据运动员水平而定，组间休息5~8分钟。

转身起跑，背对前进方向站立，听信号后迅速转体180度，起动加速跑 20 米。以上练习一般每组练习 2~3 次，重复 2~3 组，组间休息 5~7 分钟。

听信号起动加速跑，慢跑中听信号后突然加速冲跑 10 米，反复进行。听口令做对应的相反动作，听教练叫立正，练习者做稍息动作；教练叫向左转，练习者做向右转的动作等。

接传不同方向的来球。几人从不同方向给一人传球，一人接不同方向的来球。

小步跑、高抬腿跑接起动加速跑，做原地或行进间的小步跑或高抬腿跑，听到信号后突然加速冲跑 10~20 米，反复练习。

听信号做不同的专门练习。非专门练习编号，听号数做不同的练习。俯撑起跑，从俯撑开始，听信号后迅速收腿起跑 10~20 米。

听信号变速快跑。在慢跑或其他移动中，听口令或看信号即起动快跑 10~20 米。练习组数、次数及休息同反应练习。

3. 发展反应速度的技术动作

（1）组合练习

高抬腿接加速跑接变速跑：这样的练习有很强的逻辑性，需要具备足够的反应能力。首先，原地做高抬腿动作 5 秒。其次，听到信号后立即改变为加速跑 20 米，然后惯性跑 40 米，再次听到信号，做 30 米加速跑。按照这种训练方式反复练习，400 米为一组。

小步跑变加速跑接计时跑：跑步姿势为站立，迅速跑出，频率加快，小步跑 10 米，听到信号的发出后开始改变跑步进行的方式，改变为变加速跑 20 米，然后逐渐放慢速度，等过了标志物后，开始加速跑 30 米，此时才会进行计时。

高抬腿接加速跑接快速起跳：首先，跑前需要做原地高抬腿动作，大概是 5~10 秒，待听到发出的信号后再加速跑 20 米，跑到起跳板上，立即准备起跳，最后用尽全身的力量跳入沙坑。这种训练需要足够的速度爆发力，一般情况下只练习 3~5 组左右。

俯撑起跑接后蹬跑接冲刺跑：两手平撑地，两腿伸直，脚尖落地，整个身体与地面大概平行，最终保持俯撑的姿势。当信号发出后立即起身向前奔跑，加速跑 20 米，等跑到标志线处，就开始进行冲刺跑 30 米。跑步的过程中必须有后蹬跑，并且冲刺跑的技术也要正确，反复练习 3 次。

卧跳接折回跑：站立姿势位于篮板下方，听到信号后跳身举手触篮板，接着蹲下仰卧，然后又迅速站起，再次手触篮板，反复 6 次。然后快速跑到球场的中线位置，最后跑回起点位置。可练习 3~5 组左右。

（2）器械练习

捆沙腿高抬腿跑：这种练习方式可列为负重练习，两腿都需要捆沙腿，根据指导员的口号做高抬腿动作20秒。大腿必须达到一定的高度，练习时多为计数方式，进行反复训练。

捆沙腿加速跑：双腿需要捆沙腿，开始时是慢跑，当听到信号后开始加速跑20~30米。反复进行3~5次，计时训练。

小步跑跳绳：开始姿势为站立，双手握绳，信号发出后向前小步跑跳绳，要求快速，手脚必须能够很好地配合，一次的训练时间是10~20秒。

手抓棒球：呈站立的姿势，拿球的手臂需要前平举，手心朝下，放开球，另一只手需要在落地前接住球，切记，不可用放球下落的那只手去接球。反复练习20~30次，记录手抓住球的次数。

高抬腿跳绳：开始时站立，双手拿绳，信号发出后开始做快速的原地高抬腿动作并且需要跳绳。需要协调高抬腿和跳绳的姿势，反复练习10~20秒左右，只计完成的次数。

（3）徒手练习

仰卧起跑：平躺在垫上，当发出信号后立即起身，做好起跑姿势后迅速向前奔跑，大约跑20米，动作和速度都需要达到规定的要求，此项训练为计时练习。

变向起跑：首先，起跑姿势是蹲立，并且是背对起跑线的，当发出信号后，需要极强的反应能力，转身起跑20~30米。在这个练习中，转体的动作必须足够快，对起跑也有一定的技术要求。一般情况下，练习2~3组，每组2~3次。

起动跑：俯身向下，双手撑在地上，双腿向后交叉成弓步，发出信号后需要迅速跑出；除此之外，也可以让双腿交换做弓步练习，当听到发出的信号后迅速跑出，一般训练距离是10~20米。练习3组，每组2~3次。

站立式起跑：起跑姿势为站立或者半蹲式起跑，当听到发出的口令后立即向前奔跑，要求速度不断加快。训练的距离只有10~15米。练习2~3组，每组2~3次。

蹲踞式起跑：以蹲踞式的起跑姿势做好准备，发出口令后立即向前奔跑，总共练习9次。

五、柔韧素质练习方法

柔韧素质的发展应从各项目的特点出发，有目的、有选择地进行。以下根据教学训练体会，提供一些发展柔韧素质的方法，供教学训练时参考。

(一) 手指手腕柔韧性练习

靠墙倒立。左、右手指交替抓下落的棒球（或小铅球）。手指垫高的俯卧撑。手腕屈伸、绕环。两手五指相触用力内压，使指根与手掌背向成直角或小于直角。面对墙站立，连续做手指推撑动作。用左手掌心压右手四指，连续推压。握拳、伸展反复练习。杠铃至胸，用手指托住杠铃杆。两手五指交叉直臂头上翻腕，掌心朝上。

(二) 足背部和踝关节柔韧性练习

锻炼者要跪在垫子上面，借助身体的重量前后移动来按压足背，也可以使足肩部垫高，使足背呈悬空状态，向下压，提高练习的难度。

锻炼者坐在垫子上面，把重物放在足尖部位，使足背受到压力，进行脚前掌着地的各种速度和方向的练习，进行前脚掌着地的跳绳练习。

锻炼者用手扶住与腰部同高的肋木，利用前脚掌站在最下面的肋木杠上，借助身体的重量上下压动，在踝关节所能承受的最大角度时停留，使韧带和肌肉得到锻炼。

(三) 胸部柔韧性练习

锻炼者双腿并拢坐在垫子上面，双臂上举，其他锻炼者在背后拉其双手，同时用脚部蹬练习者的肩背部，帮助其增强胸部柔韧性。

锻炼者背对着鞍马头自然站立，身体呈后仰状态，两只手握住手环，挺出胸部。动作要求双臂伸展，拉肩顶被，挺胸抬头。

锻炼者面对着墙站立，两条手臂向上举扶墙，抬头挺胸，压住胸部。要求胸要尽可能地贴到墙面，幅度可以从小到大循序渐进。锻炼者呈跪立状态，手臂向前放在地上。动作要求自然伸臂，挺胸抬头，向下压。俯卧背屈伸。练习者腿部不动，积极抬上体、挺胸。

(四) 腰腹部柔韧性练习

肩肘倒立下落成屈体肩肘撑。俯卧撑交替举后腿，上体尽量后抬成反弓形。分腿坐，脚高位体前屈，帮助者可适当用力压其背部助力压。站在一定高度上做体前屈动作，手触地面。两脚前后开立，向左后转，向右后转，来回转腰。弓箭步转腰压腿。双人背向，双手头上握或互挽臂互相背。后桥练习，逐渐缩小手与脚距。体前屈手握脚踝，尽量使头、胸、腹与腿相贴。分腿体前屈，双手从腿中间后伸。向后做甩腰练习。

（五）下肢柔韧性练习

背对背坐，双手头上拉，一人前俯，一人后仰。双刀腿坐，双脚互相顶位，双手相拉，一人前俯后仰。负重深蹲，脚跟不离地使脚尽量弯曲。在特制的不同形状的练习器上练习脚腕不同方位的柔韧性（特制练习器械见弹跳力部分）。压腿将脚放在一定高度上，另一腿站立脚尖朝前，然后正压（勾脚）、侧压、后压。左右劈腿练习者仰卧在垫子上，屈腿或直腿都可以，由同伴扶腿部不断下压。弓箭步压腿。跪坐压脚面。用脚内侧、外侧、脚跟、脚尖走。前后劈腿可独立前后振压，也可以将腿部垫高，由同伴帮助下压。踢腿原地扶把杆或行进，正踢（勾脚）、侧踢、后踢。摆腿向内、向外摆腿。控腿手扶支撑物体，前控、侧控、后控。

（六）肩关节柔韧性练习

1. 转肩

用木棍、绳或橡皮筋做直臂向前、向后的转肩动作（握距逐渐缩小）。

2. 吊肩

杠悬垂或加转体。单杠负重静力悬垂。单杠各种握法（正、反、反正、翻等握法）的悬垂摆动。后吊：单杠悬垂，两腿从两手间穿过下翻成后吊。

3. 拉肩

体前屈坐垫上，双手后举，帮助者握其两手向前上推助力拉。侧向肋木，一手上握一手下握肋木向侧拉。背向肋木屈膝站肋木上，双手头上握肋木，然后向前蹬直双腿胸腹用力前挺。背向肋木站，双手反握肋木，下蹲下拉肩。背对肋木坐，双手头上握肋木，以脚为支点，挺胸腹前拉起成反弓形。双人背向两手头上拉住，同时做弓箭步前拉动作。练习者俯卧，两手相握头上举或两手握木棍。帮助者坐练习者身上，一手拉木棍一手顶其背助力拉。练习者站立，两手头上握住。帮助者一手拉练习者头上手，一手顶其背助力拉。

4. 压肩

两人互相以手搭肩，身体前倾，向下有节奏地压肩。练习者背对横马并仰卧在鞍马上，另一人在后面扶着其上臂下压。面向墙一脚距离站立，手、大小臂、胸触墙压肩（逐渐加大脚与墙的距离）。双人手扶对方肩，体前屈直臂压肩。手扶一定高度体前屈压肩。

第三节 运动处方

早在 20 世纪 50 年代，美国生理学家卡波维奇就曾提出过运动处方这个概念。1969 年世界卫生组织（WHO）使用了运动处方术语，从而在国际上得到确认。运动处方的完整概念可概括为："对从事体育锻炼者或病人，根据医学检查资料（包括运动试验及体力测验），按其健康、体力以及心血管功能状况，结合生活环境条件和运动爱好等个体特点，用处方的形式规定适当的运动种类、时间及频率，并指出运动中的注意事项，以便有计划地进行经常性锻炼，达到健身或治病的目的。"

一、运动处方的内容

（一）运动频率

平均每周锻炼的次数叫作运动频率。有研究指出，每周锻炼次数在 3 次以上时，最大摄氧量（VO_2max）的增加逐渐趋于平缓；每周锻炼次数在 5 次以上时，VO_max 的提高就很小；而每周锻炼次数在 2 次以下时，VO_2max 不会改变。根据以上研究结果表明，每周锻炼 3~4 次最佳。但是考虑到运动的效果，两次运动之间的间隔时间应控制在 3 天以内。运动或健身需要长时间地坚持和积累，每天都坚持锻炼效果会更好。

有调查研究表明，如果每周只运动一次，那么间隔的时间就太长了，这样达不到运动效果，每次运动都会产生肌肉痛和疲劳感，运动之后的 3 天内身体都会感到不舒服，而且容易对身体造成损害；如果一周运动 2 次，会稍微缓解疼痛和疲劳感，运动效果会慢慢蓄积，但效果不明显；如果一周运动 3 次，且基本上是每隔一天进行运动，不会产生身体上的疲劳感和肌肉疼痛，运动效果也可以充分蓄积；如果每周运动 4 次或 5 次，运动效果会更好。

（二）按心率确定运动强度的方法

运动可以根据心率来确定强度，如采用年龄减算法（Jung Mann 标准）。其公式是：运动适宜心率=180-年龄。

运动时，心率和强度之间是彼此相关的。美国学者根据二者的关系提出了以下几个标准：心率在 160 次/分钟时，运动强度应该为 80%；心率在 140 次/分钟时，运动强度最好是 70%；心率在 120 次/分钟时，运动强度最好是 60%；心率在 120 次/分钟以下时，运动强度最佳为 50%。以上探究表明，锻炼强度在 65%~75%之间时，心率在 130~150 次/分钟之间是最好的。

关于每次持续运动的时间，由于运动量是由运动时间和运动强度来决定的，所以即使运动量是相等的，运动目的如果不同的话，就会有适应不同运动强度和运动时间的处方，如果运动的目的是为了健身，那么对中老年人来说，强度小而时间长的处方效果是最好的。青少年为了增强体质，促进身体健康成长，短时间的激烈运动反复多次的处方更好。

有研究显示，进行耐力性运动时，时间控制在 20~60 分钟是最合适的。根据运动生理学理论，全身耐力运动所需的最短时间为 5 分钟，而对于坚持正常工作的人来说，时间最长为 60 分钟。心率达到 150 次/分钟以上时，最少持续 5 分钟才可以有效果；如果心率在 150 次/分钟以下，那就需要 5 分钟以上才会有效果。

1. 时间与强度的配合

在运动时，要注意合理安排运动时间和运动强度，使二者更好地组合在一起，从而改变运动量。不同的人群适合不同时间和强度的运动。大多数情况下，对于健康的成年人来说，可以进行强度适中、时间较长的运动；而对于身体素质较差或者平时没有时间进行运动的人来说，选择强度较小、时间较长的运动是最好的；还有一种是身体素质较好但没有充足的时间来锻炼的人，选择强度大、时间较短的运动是最为合适的。

2. 必要的运动时间

一次必要的运动时间往往是由多种因素共同决定的，如运动强度、运动频率、运动目的、年龄及体力等，没有统一的标准。要根据某种强度的刺激对呼吸、循环功能从运动开始到达到恒常运动所需的时间来确定。为了充分调动身体的各项功能，需要给予呼吸、循环系统有效的刺激。恒常运动的时间有两种情况：做强度较小的运动时，时间约为 5 分钟；进行强度较大的运动时，时间约为 3 分钟。所以，仅仅运动 5 分钟对呼吸系统和循环系统的刺激远远不够。最好能够在达到恒常运动后再持续运动大约 10 分钟，进行准备活动最少需要 5~8 分钟，据此推算出的实际所需的时间，大约应为 15~20 分钟。一般来说，持续进行 20~60 分钟的有氧运动，具体时间可以根据运动强度及自身身体素质来决定。

（三）运动强度

运动强度是单位时间内的运动量，而运动量是运动强度和运动时间的乘积。运动处方定量化与科学化的核心问题是运动强度，运动量对于能否取得更好的锻炼效果以及保证安全性至关重要。运动强度和运动量有很多种表示方法，可根据实际需要进行选择。

运动强度＝运动量÷运动时间。运动量＝运动强度×运动时间。运动强度分为绝对的强度和相对的强度两种。

运动量即运动负荷，它的构成因素有强度、密度、时间、数量及运动项目的特点等。这些因素彼此之间不是独立存在的，而是相互作用、相互制约，其中任何一种因素发生变化，其运动量的大小也会发生变化。

（四）运动种类

1. 运动种类的选择

在运动处方中，最终的目标是为锻炼者提供最适合自身情况的运动项目。

在选择运动的种类时，有以下几个条件：一是必须经过医学检查并获得许可；二是安排运动强度、运动量时要根据本人的体力；三是选择运动项目时，可以结合以前的运动经验；四是有进行运动的场所；五是准备好一整套运动的设备、用具；六是最好有运动的同伴和教练的指导。

运动处方的运动种类有很多，现在比较常见的运动处方主要有有氧运动、伸展运动和力量性运动三种，三种运动相互配合，可以获得更好的锻炼效果。下面分别介绍这三种运动的具体种类。

有氧运动有：步行、慢跑、自行车、滑雪、划船、滑冰、跳绳、上下楼梯及室内功率自行车、活动平板（跑台）等。

伸展运动有：五禽戏、八段锦、健身迪斯科、广播体操、太极拳、跳舞及各种医疗体操和矫正体操等。

力量性运动有：具有中等强度的特性的，可以去脂和保持体重的力量型训练等。

2. 运动的分类

物理学、生物学、社会学和心理学等学科对"运动"这一概念的解释各不相同，日本学者小川方德把模仿类的运动分成日常运动、劳动运动、体育运动和表现运动四种。

在运动生理学上，关于氧的新陈代谢程度的相关研究表明，最有益于健康的运动项目可以划分为有氧运动、无氧运动及混合运动三类。

在实际的运动中，很多运动形式混合存在。例如，因为训练方法不同，使得同一种项目有时是有氧运动，有时是无氧运动。例如，长跑、轻松慢跑是有氧运动，而在比赛当中尽全力跑则成了无氧运动。每个人的体力水平（尤其是有氧运动）是不一样的，在保持相同速度的情况下，相对于体力好的人来说是有氧运动，对体力差的人来说则是无氧运动。

二、运动处方的原理

运动处方锻炼也叫有氧运动，作为一种考验耐力的运动，它以中等强度的有氧代谢为主。因此，有氧运动的健身价值、超量恢复原理及全面身心健康概念是构成健身作用的理论基础。

（一）全面身心健康概念

经过 20 多年的探索与研究，库珀博士发现了保持人体身心健康的方法，即开展有氧代谢运动，其是一种保持全面身心健康最有效、最科学的运动方式。可以使人体生理和心理处于平衡状况。首先，人体每天都需要摄入营养，才可以保证细胞正常生长，促进新陈代谢；其次，需要保证充足的睡眠时间来放松身心和缓解工作中的压力和疲劳；此外，进行适当的锻炼和运动，以保持肌肉、筋骨和内脏器官功能的正常运转。

（二）有氧运动的价值

增强体质、提高免疫力是体育锻炼的基本目的，其关键环节是提高心肺功能和心血管的输氧能力。

进行有氧运动对人体的影响是多方面的，在生理学、生化学、心理学以及社会学等方面都有一定的促进作用。例如，增强呼吸系统摄取氧、心血管系统载荷及送氧的能力以及组织的有氧代谢的能力。有氧运动是恒常运动，是人体活动时的一种功能状态，通常在持续 5 分钟以上时还有充足的体力。非恒常运动恰恰相反，在运动 5 分钟内就会产生疲劳感。这种强度的运动有利于克服生理功能的惰性，提高人体呼吸、循环能力，平衡人体内氧气的含量、帮助消化人体内多余的乳酸，使心率、脉搏和肺通气量等保持稳定，所以运动持续时间越长，消耗的脂肪就会越多，并能够提高最大摄氧量和无氧性作业阈值。

(三) 超量恢复原理

人体需要一定的时间适应一定量的运动负荷刺激，这个过程是缓慢的，一般分为负荷、恢复和超量恢复三个阶段。在负荷阶段，人体能量物质消耗极大，物质代谢产物（乳酸、尿素等）被蓄积起来，人体机能能力下降，从而产生疲劳。恢复和超量恢复阶段是停止运动后，机体内环境（热、酸碱和水）恢复平衡，被消耗的能源物质得到补充，并在一段时间内超过原有水平，这种现象叫作超量恢复。一般来说，超量恢复经常在运动后 1~2 天内出现。如果在超量恢复阶段内再进行下一次超负荷锻炼，肌肉物质和肌力就会逐步积累起来，进而逐步提高肌体能力和训练水平。

三、制定运动处方的程序

(一) 制定运动处方的步骤

1. 一般体检

一般体检包括收集病史、运动史。例如，了解运动的目的，对运动有什么样的期望；询问过往病史，如既往史、家族史；询问运动史，如喜欢什么运动，目前的运动计划等；社会环境条件，如职业、工作环境，个人生活环境、经济条件，运动时使用什么运动设施，有无教练的指导等。

2. 临床检查

临床检查相当于对成人病的检查，包括人体测量及体脂测定。其主要目的是了解个人身体状况，是科学制定运动处方的前提。检查的目的首先是对目前的身体健康状况有大致的了解；其次是检测是否满足进行运动、运动负荷试验的要求；最后是检查身体是否患病或是否有患病的可能性。

3. 运动试验及体力测验

运动处方是根据运动试验来制定的。目前最常使用的方法是"递增负荷运动试验"，是在接受体力测验之前必须进行的重要步骤，检测过后才可以进行肌力、爆发力、柔韧性等运动能力以及全身耐力测验等。库珀等学者的研究指出，12 分钟跑测验与最大摄氧量关系最为密切。因此，检查和测量心血管系统功能时，可以从库珀提出的有氧代谢运动中的走、跑、游泳三种体力测验方法中随意选择一项进行测试。因为是测验，所以与平常的锻炼相比运动强度更高，要求测试者尽全力为之，所以对参加测验的人也提出了一定的要求：年龄在35岁以下，身体素质良好；坚持运动半年以上；按照库珀介绍的锻炼，计划锻炼6周的时间。

4. 安排锻炼计划

制定运动处方，安排锻炼计划。通常根据以上检查的结果，如根据这个人的健康状况、体力及运动能力的限度等具体情况来制定运动处方。制定的处方内容有下一次必要的运动量以及一周的运动频率等，前提是保证运动强度在安全范围内。制定出初步的运动处方以后，进入试行锻炼阶段，如果发现有不适合的地方，及时进行调整，调整以后再坚持锻炼3~6个月，然后做体力测验，重新制定符合自身情况的长期的运动处方，这样才能产生更好的锻炼效果。

5. 善后工作和复查

一般情况下医生在制定运动处方时，首先要当面制定，然后说明医学检查结果的大致情况；其次说明有哪些需要注意的方面；最后，每隔一定的时间，要询问被检查者的情况，如运动情况等，以此检测运动效果如何，是否有副作用的产生。

（二）一次锻炼运动的安排

锻炼运动分为准备部分、训练部分和结束部分。不同的锻炼阶段在时间的划分上是不一样的。

在早期阶段，准备部分时间在10~15分钟，训练部分时间为20~25分钟，结束部分时间为5~10分钟。

在中期和后期阶段，时间大概在5~10分钟，准备部分时间可短一些，接着就是主项运动时间（即训练部分），最后5分钟是结束部分。如果进行锻炼的目的是为了健身，那么运动时间应进行30~45分钟为最佳。

每部分所分配的运动负担量是不一样的，所安排的训练内容也各有侧重。准备部分主要是让机肌体组织活跃起来，否则接下来运动强度太大的话会对身体造成损伤，心、肺等内脏器官和骨关节功能不能适应，导致意外的发生。因此，在准备部分，一般会进行活动强度较小的步行、伸展性体操或太极拳等。

训练部分的内容是最基本的部分，也是运动处方所要达到的效果。主项运动的运动强度一般是最大能力的40%~60%，同时还要求达到一定活动范围的肌力训练，其训练强度为最大能力的80%左右。结束部分是指在训练结束后,因此此时血流大量集中于四肢,所以不能突然停止运动,要有一个缓慢停止的过程,让高负荷的心肺和肢体活动逐渐安静下来,可以做一些放松式体操、散步或自我按摩等。运动的突然暂停,会使回心血量迅速减少,导致搏出量不足或大脑供血不足,产生休克症状。

第五章 体育保健与传统体育保健的方法

本章主要内容现代体育保健的科学基础、体育运动与保健的基本理论与方法和传统体育养生保健方法。

第一节 现代体育保健的科学基础

体育保健的科学基础包括生理学、心理学和运动学等。对其进行研究，有助于对体育保健形成正确的认识，从而为掌握体育保健的科学方法奠定基础。

一、体育保健的心理学基础

（一）体育保健对心理健康的影响

以上所述，主要介绍体育保健与心理健康的关系，下面对体育保健对人们心理的塑造作用进行分析。

1. 有助于人格全面发展

人格指人的整体精神面貌，这种精神面貌是在一定社会条件下形成的、具有一定倾向的、比较稳定的心理特征的总和。其中，主要构成要素有思想、兴趣、态度、气质、性格、能力、信念和理想等。人格有两方面的内容，即稳定的一面和可塑的一面。

体育保健运动对人的多方面发展有很大的作用，如身体协调能力、运动能力、操作思维能力、直觉思维能力和应激能力等，从而使人学会合作、学会竞争、学会分享、学会欣赏、学会表现自己，从而从多方面提高人的人格。

经常进行体育保健运动，也能够使人改善傲慢、冲动、胆怯、自卑、孤独等性格缺陷，变得坚强、刚毅、开朗、乐观，逐渐形成良好的性格。

意志品质主要表现为一个人的坚忍性、果断性、自制力及坚韧顽强和主动独立等精神。

意志品质是在克服困难的过程中表现和培养出来的。体育保健就是不断克服主观和客观上的各种困难,如胆怯、懒惰、疲劳、损伤以及不利的气候条件等的同时,锻炼了自身的意志,从而培养人果断、坚忍等优秀的意志品质。而且从体育保健中培养起来的坚强意志品质对日常的生活、学习都是大有裨益的。

体育保健的过程,是一个持之以恒、不断挑战自己的过程,因而能培养坚韧顽强、勇敢拼搏的意志品质。

总之,体育保健不仅可以有效地促进智力的发展、形成和谐的人际关系、培养良好的情绪体验、促进坚强品质的形成,还能有效地防止心理疾病的产生,增进心理健康。因此,合理的体育保健是不可缺少的。

2. 有助于发展智力水平

正常智力是心理健康的基础,长期坚持体育保健运动,能够改善和提高人的记忆力、注意力、思维、反应、想象力等,同时能够培养稳定的情绪和开朗的性格,而这些非智力因素对人的智力具有促进作用。

科学实践证明,一方面,体育保健运动既对神经系统的兴奋和抑制过程有效,也使人对各种刺激反应准确、迅速,这些都为智力的发展奠定了良好的基础,从中也可提高和改善人的听觉、视觉、神经、个人感觉的均衡性和灵活性。另一方面,体育保健运动能够很好地促进人体血液循环,增强心肺功能,使大脑争取更多的氧气,为大脑提供一定的物质保障,提高脑力劳动效率。

体育保健可消除疲劳,提高工作效率,人的大脑皮层主要调节人的一般性活动,人在工作时,大脑皮层的相关区域处于高度兴奋的状态,但时间越长,人的疲劳感越强,导致工作效率下降,而经常参加体育保健运动,会使相关工作的神经系统得到休息,这会使脑力疲劳得到相应的消除,从而提高工作效率。

3. 有助于促进人际交往

现代生活发展速度日益加快,使人们慢慢变得封闭,人与人之间的感情逐渐淡化,人际关系渐渐疏远。

体育保健运动可以打破这种状况,让不同职业、年龄、文化素质的人聚集在健身场上,进行平等、和谐、友好的交流,增强人们之间的信任感,互相沟通、学习,达到一种默契和交流的目的。

研究表明，经常与社会沟通、联系，会给心理上带来一定的好处。人们可以通过体育保健运动来结交更多的朋友，大家和睦相处，友爱互助，这种良好的人际关系将会令人心情舒畅、精神振奋，是有助于身心的健康发展的。

4. 有助于培养良好情绪

体育保健对心理健康有影响的最主要指标是情绪状态的调控能力。现实社会的复杂多变，常常会让人们产生紧张、忧虑、压抑等不良的情绪，而体育保健运动可以使这些不良情绪脱离出来，提高应激能力，并使处理应激情绪的能力增强。

体育保健运动调节情绪的另一方面原因是，参加体育保健的人能体验到运动带来的愉快感觉，并且达到健康的目的。

麦克曼等人的研究表明，经常参加身体锻炼者的焦虑、紧张和抑郁等消极的心理明显要比参加身体锻炼者要低，而愉快等积极的心理则明显要比不参加身体锻炼的人要高一些。

5. 有助于消除心理疾病

体育保健运动在一定程度上能使有心理障碍的个人获得心理满足，形成积极向上的心态，对自信心的增强，焦虑、忧愁、悲观等消极因素的摆脱，都有一定的帮助。

不同的体育保健运动会对人体不同的运动技能、身体素质都有所改善，并且使人在某些方面的技巧和能力都会有所提高。个人会以自我锻炼反馈的方式传递其成就信息于大脑，将这种信息作为自我成就的一种体验，产生愉快、振奋和幸福感，从而有助于心理健康。

（二）体育保健的动机

动机是人开展活动心理层面的驱动力。在运动健身动机的驱使下，人会坚持不懈地进行体育锻炼，以期达到一定的目标。动机是内在因素，行为是外在表现。

1. 动机的分类

分类标准不同，动机的划分也不尽相同。以下主要介绍常见的分类标准和分类方法。

（1）按照需求性质分类

社会性动机是以社会性需要为基础的动机，如交往动机、成就动机。

生物性动机是以生物性需要为基础的动机,如因口渴、饥饿而产生的动机。

(2) 按照兴趣特点分类

直接动机是以直接兴趣为基础,是对活动过程的一种指向。部分体育锻炼者对体育运动有着浓厚的兴趣,将其视为一种挑战,希望能通过体育锻炼将自己的潜力释放出来,从中体验到一定的乐趣,获得一定的满足感,这就是直接动机,也是指向运动本身的动机。

间接动机建立在间接兴趣基础上,是指向活动结果的动机。部分体育锻炼者对体育运动并没有兴趣,只将其视为一种必须克服的困难,认为只要渡过这一难关就能战胜对手。秉持这种动机开展体育锻炼的人,更加重视运动结果。

(3) 按体验分类

丰富性动机指希望通过体育锻炼获得满足感、成就感,发现新事物,产生创造力,获得愉悦体验的动机,又叫作"欲望的动机"。这种动机与缺乏性动机不同,它的目的是追求满足感,寻求刺激,注重张力的不断增强。

缺乏性动机希望排除缺乏和破坏,避免受到威胁,逃避可能遭遇的危险,又叫作"厌恶的动机",其目的有两方面:一是生存,二是安全。缺乏性动机注重张力的缩减,其张力会随着目标的实现逐渐缩减。

(4) 按照动机来源分类

从人的内部产生的动机叫作内部动机,是建立在生物性需要的基础上。秉持这种动机的锻炼者,会积极参与体育运动应对各种挑战,展现个人能力,实现自我,获得满足感与效能感。这种动机是通过内部行为驱动产生的,会不断地汲取内部力量。例如,体育锻炼者在某项体育运动中获奖,或者达到预期锻炼目标,就会获得内部奖励,重燃斗志,更加积极地参与体育锻炼。在这种动机中,锻炼者的自我动员产生了体育锻炼这种行为。

由客观外部原因催生的动机叫作外部动机。这种动机一般建立在社会需要的基础上,人希望通过参与某项活动获得某种奖励或者避免受到某种惩罚,使自己的社会性需要得到一定满足。外部动机可以汲取外部力量,会在外部力量的推动下做出某种行为。

2. 形成动机的因素

(1) 内部因素

内部因素是在需求的驱动下产生的。需求是人在缺乏某种东西时产生的紧张感，在这种感觉的驱动下，人会做出某种行为。

（2）外在因素

外在因素指的是环境。环境指的是除个人之外的所有刺激的总称，涵盖了各种社会性、生物性因素，会刺激人做出各种行为。

3. 动机对体育保健的作用

对于体育保健来说，动机发挥着非常重要的作用。这种作用主要表现在以下三个方面：第一，指向或选择。这类动机可指导个体明确体育保健运动的目标；第二，始发作用动机。这类动机可引导个体积极参与体育保健活动；第三，强化作用动机。这类动机可对体育保健运动的力量，产生维持、增强、制止、减弱等作用。"强度"取决于个体的激活程度，也就是个体为了达到体育保健目标所付出的努力程度。

二、体育保健的运动学基础

（一）运动技能的生理本质

1. 运动条件反射的形成与运动技能

（1）运动的反射本质

有研究证明，随意运动的生理机能是暂时性的神经联系。该研究以狗为实验对象，通过训练让狗对食物产生运动条件反射。研究结果表明：人与动物大脑的皮层动觉细胞与其他神经中枢之间，可以建立暂时性的神经联系。从生理层面看，运动是建立在大脑皮质活动基础上的暂时性神经联系。因此，人在运动过程中，一方面会掌握各种运动技能，另一方面会建立运动条件反射。

（2）运动条件反射形成的生理机理假说

运动条件反射是多种简单的非条件反射整合形成。以非条件反射为基础，大脑会利用听觉、视觉、触觉、本体等感觉系统与条件刺激物相结合，进而形成简单的运动条件反射。从本质上看，人的运动技能形成过程是运动条件反射形成的过程。

但运动技能又不同于一般的运动条件反射，二者的区别在于，运动技能具有复杂性、连锁性、本体感受性等特点。

连锁性指的是运动技能会引发一连串反射活动。一个动作结束，另一个动作就开始。

复杂性指的是运动技能的形成需要多个中枢系统参与,包括视觉中枢系统、听觉中枢系统、运动中枢系统、内脏活动中枢系统、皮肤感觉中枢系统等。

本体感受性指的是肌肉的本体感受性冲动对条件发射的形成,产生极其重要的作用。条件刺激的强化非常需要这种本体感受性冲动的影响,否则从运动中枢产生的神经冲动传输到各个肌肉器官之后,则无法形成条件反射,自然也无法掌握运动技能。

也就是说,只有在具备了连锁性、复杂性、本体感受性的运动条件反射作用下,人才能建立运动技能。

2. 运动技能的信息传递与处理

运动技能的信息处理指的是人对来自外界环境的刺激做出反应的过程。在整个过程中,人就是信息处理器,负责对外部信息进行处理,对外界环境刺激做出反应,需要不断地学习运动技能。形成运动技能的信息来自两个渠道:一是体内,二是体外。

(1) 体内信息源自大脑皮质层的一般解释区,由两部分构成,分别是躯体感觉区、视觉和听觉联合区。一般解释区位于大脑颞叶后上方,角回前方,汇集视觉、听觉和动觉,本身具有非常强大的感觉体验与分析能力,对信号进行处理,并将其传输到大脑的运动部,控制个体开展各项运动。

(2) 体外信息源指的是来自教师、教练的各种信息。教师向体育锻炼者发出各种信息,如锻炼形式、锻炼强度、锻炼数量等,锻炼者调用感觉器官接收这些信息,通过大脑皮质层对这些信息进行综合分析,然后形成初步概念。

(二) 形成运动技能的过程及其发展

运动技能的形成,是从简到繁,并有其建立、形成、巩固和发展的阶段性变化和生理规律,只是阶段时间的长短和过程的复杂程度有所不同。通常情况下,可分为三个阶段进行分析,即泛化阶段、分化阶段、巩固自动化阶段。运动技能形成后,其发展速度和水平就会不断地提高,达到动作自动化。

1. 泛化阶段

起初,所有动作要在教师的讲解下完成,有些动作还需要教师示范。待锻炼者掌握这些动作之后,就会对整套运动产生一个新的认知,但不会对运动技能的内在规律有所了解。因为人对来自外界的刺激，需要通过感受器传输到大脑皮质层，刺激皮质层的细胞兴奋起来。但因为还没有形成皮质内抑制，所以皮质层的兴奋与抑制很容易出现不稳定联系，呈现出泛化现象。

在此阶段，肌肉的所有外表动作都比较僵硬，协调性较差，多余动作较多，任何动作做起来都非常困难。之所以会出现这种现象，是因为大脑皮质层细胞出现了兴奋扩散。所以，这个阶段的教学重点主要是通过动作示范，让学生掌握正确动作，整个教学过程要紧扣动作要点与锻炼者在学习动作过程中经常出现的问题，不需要过多地强调动作细节。

2. 分化阶段

在初步掌握运动技能之后，学习者会对运动技能蕴含的内在规律有一定了解，动作会变得越来越协调，多余动作会越来越少。在此阶段，随着抑制过程不断加强，尤其是分化抑制不断发展，大脑皮质运动中枢的兴奋、抑制会变得越来越集中，大脑皮质活动会逐渐从泛化阶段进入分化阶段，很多错误动作得以纠正，锻炼者逐渐掌握一整套连贯、协调的技术动作。

这一阶段，主要是初步对动力定型进行建立。并没有达到巩固的状态，如果出现新的刺激，错误动作和多余动作可能重新出现。在这个阶段，教师要特别注意动作的纠正，让锻炼者在巩固动力定型之前，正确掌握技术动作。

3. 巩固自动化阶段

运动技能只有通过反复的练习，才能达到巩固阶段。当运动条件反射系统已经巩固，大脑皮质的兴奋和抑制在时间和空间上更加集中和精确。此时，不仅动作准确、优美，而且某些环节还可以下意识地做出动作，叫作动作自动化。在出现环境变化时，动作技术也不会被破坏，同时由于各器官、组织的活动与动作配合得协调，完成练习时也会感到轻松自如。

综上所述，运动技能的掌握需要经历三个阶段，分别是泛化阶段、分化阶段和巩固自动化阶段。这三个阶段相互联系，没有明确的界限划分。锻炼者的运动水平越高，其学习新动作所经历的泛化过程就越短，对动作进行细分的能力就越强，运动技能形成所用的时间就越短。同理，开始学习新动作的锻炼者所经历的泛化过程比较长，对动作进行分化的能力比较差，掌握动作需要的时间比较长。越复杂的动作，泛化过程越长，分化难度越大，运动技能形成需要的时间也越长。

上述三个阶段全部完成后，动作就会实现自动化发展。动作的自动化指的是锻炼者可以无意识地完成某个动作的行为。自动化现象具有一些特点，将某个动作或动作的某些环节暂时无意识化，如走路是一种自动化作用，人在走路的过程中无须思考如何走路，而且还可以边走路边与人交谈；再如篮球运动员，因为熟练掌握了篮球技术，所以运球等动作实现了自动化。

运动技能熟练、巩固后，第一、第二信号系统之间的联系，已经成为运动动力定型的统一机能体系。第一信号系统的兴奋可以选择性地扩散到第二信号系统，所以锻炼者能够准确地意识到自身完成的动作，并能够进行语言表达。

当动作出现自动化现象时，第一信号系统的活动已经从第二信号系统的影响下相对地"解放出来"。自动化动作完成时，第一信号系统的兴奋不向第二信号系统传递，或者只是不完全传递，这时动作就表现为无意识的，或意识不完全。动作自动化的程度在很大程度上决定了运动水平的高低，但是不应认为动作达到自动化后质量就得到了保证。

这种情况下，虽然动力定型已经非常巩固，但由于进行动作自动化时，第一信号系统的活动经常不能传递到第二信号系统中去。因此，不能出现细微的动作错误，如果出现，很可能一时不能觉察，等到一旦觉察，可能变形的动作已因多次重复而巩固下来。因此，在动作自动化的发展中，要时刻纠正、检查自身动作。

（三）体育保健对运动系统的影响

人体的运动系统在很大程度上决定了人体运动能力的强弱，该系统主要由肌肉、骨骼两部分组成。在参与体育运动的过程中，人的基本活动是建立在运动系统基础上，同时，适当的体育运动还可以改善人体的运动系统，使其运动能力得以有效提升。

1. 对骨骼和关节的影响

研究证明，通过参与高强度的负荷运动，人体的骨质层会不断变厚，骨骼会变得粗壮，骨小梁排列也会越来越密集，这些都会使骨骼强度与骨骼的坚固性有所增强。如果一个人经常参加体育锻炼，不慎受伤骨折，会用比常人短的时间愈合。当然，体育运动对骨骼的这种作用存在一定的局限，也就是说，只有参与运动的骨骼能从中受益，没有参与运动的骨骼与常人无异。由此可见，锻炼者要想改善自己全身的组织结构与功能，必须进行全面体育锻炼。

体育保健运动的影响还与年龄有关,在生长发育期经常进行体育保健运动,有利于骨骼正常发育。例如,经常跑步、做体操、打篮球、踢足球等,非常有利于胸廓与长骨发育,最明显的表现是锻炼者的身高较高,胸围较大。

韧带的相连可以加固骨与骨之间的关节,肌腱附着于骨上。由于韧带和肌腱是通过互相协作来发挥作用,因此锻炼对其影响也相似。体育保健运动能使关节软骨增厚,结缔组织增加,耐压缩性增强,从而增加肌腱和韧带以及它们在骨上附着点的强度,加强承受的拉力。

2. 对运动技能的影响

体育保健运动水平的提高一般是由快到慢进行的,这是因为初步学习运动技术时,会借鉴、引用原本就掌握的相似经验,从而快速掌握新技术。初期,技术比较简单,不会对参与者的身体素质提出较高要求。但进入后期,随着技术水平不断提升,要求参与者做出精准的运动条件反射。所以,后期的练习程度要比初期高,需要参与者重建运动条件反射,而且对技术的精准度,对参与者的身体素质提出了更高的要求。这样一来,练习水平越高,运动技能提升速度则越慢。

3. 对肌肉的影响

人体在参与体育保健运动之后,肌纤维内的蛋白质合成会有所增强,肌纤维会变粗,肌肉会呈现出营养性肥大。相关研究表明,随着肌原纤维数量的不断增加,肌肉会出现营养性肥大,导致这种情况出现的原因主要是,肌纤维内蛋白质、肌浆中肌糖原、磷酸肌酸、三磷酸腺苷等能源物质的含量增多,肌肉中的胶原纤维含量增多。

三、体育保健对生理健康的影响

(一)有助于保持健美体型

科学证明,15—69岁的肥胖男性死亡率比正常体重的男性高50%。其中,每高出正常体重的10%,寿命就减少一年。而体育保健运动可以帮助人们保持正常的体重,塑造男性魁梧有力、女性苗条健美的体型。

(二)有助于消除身心疲劳

随着社会的快速发展,疲劳已成为常见的一种文明病。疲劳时期过长，会对身体健康有很大的危害，如果不加以控制，对人体各个器官组织及神经系统会造成严重的损伤，从而导致功能紊乱，直到疲劳成为一种疾病。从生理学角度出发，体育保健运动能够促进血液的循环，给大脑减轻压力和提供更多的养料，对驱除脑力疲劳和提高思维效率有着积极的作用。

（三）有助于改善中枢神经系统

体育保健运动对中枢神经系统的平衡性和灵活性具有很好的改善作用，能够提高大脑的综合能力、分析能力，对人们平时的生活、学习、工作及运动有很好的帮助，并且使人的动作变得灵活、敏捷，增强人体的环境适应能力。

四、体育保健与能量代谢

体内能量与外界环境能量交换和转移的过程，称为能量代谢。其中，物质代谢过程和能量代谢过程，两者紧密相连，能量的代谢可以使脂肪、糖、蛋白质等能量物质中所含有的化学能量释放，供体育保健运动利用。

（一）磷酸原供能

1. 磷酸原供能系统

高能磷酸键在 ATP、磷酸肌酸分子内均有一定的含量，在代谢过程中都可通过转移磷酸基团的过程释放能量，所以将 ATP、磷酸肌酸合称为磷酸原。通常所说的磷酸原供能系统，也就是由 ATP、磷酸肌酸分解反应组成的供能系统。

肌肉收缩时，只有 ATP 这一直接能源，才能将化学能转变为机械能，在进行体育保健运动时，ATP 转换率会加快，且与练习强度成正比。练习强度越大，ATP 转换率越快，机体对骨骼肌磷酸原供能的依赖性越大。但是，ATP 在肌肉中的贮存量并不决定 ATP 主要作用的发挥，其迅速合成过程的顺畅与否，最终决定发挥作用的大小。

磷酸肌酸是另外一种高能磷化物，它贮存在肌细胞中与 ATP 密切相关，分解时能释放出能量。当大强度肌肉收缩时，随着 ATP 的迅速分解，磷酸肌酸随之迅速分解放能。安静状态下，高能磷化物以磷酸肌酸的形式积累，故肌细胞中磷酸肌酸的含量约为 ATP 的 3~5 倍。但是，磷酸肌酸含量也是有限的，运动时间延长，就需要其他能源供应 ATP 再合成，才能使肌肉活动持续下去。

磷酸肌酸供能对 ATP 再合成有着重要的意义，这种意义主要表现在快速可动用性上，既不需氧，又不产生乳酸。但是因为分子过大，人体不能够吸收，磷酸肌酸和 ATP 不能直接用作营养补充。前面提到过的肌酸能被人体直接吸收，肌酸吸收进入肌细胞后能合成磷酸肌酸，进而为合成 ATP 所用。

磷酸原供能系统中，ATP、磷酸肌酸均以水解分子内高能磷酸基团的方式供能。因此，在体育保健运动的初期和开始阶段，机体会在不需要氧气的情况下，最早、最快的利用磷酸原供能系统。

2. 强度不同体育保健运动下的磷酸原变化

当以75%最大摄氧量强度持续运动时达到疲劳时，磷酸肌酸储量可降到安静值的20%左右，ATP 储量则略低于安静值。

当以低于60%最大摄氧量强度运动时，磷酸肌酸储量几乎不下降。这时，ATP 合成途径主要靠糖、脂肪的有氧代谢提供。

当极量运动至力竭时，磷酸肌酸储量基本耗尽，达安静值的3%以下，而 ATP 储量不会低于安静值的60%。

3. 体育保健对磷酸原系统的影响

体育保健可以明显提高 ATP 酶、肌酸激酶的活性，从而提高肌肉最大功率输出和 ATP 的转换速率，有利于速度素质的提高和恢复期磷酸肌酸的重新合成；使骨骼肌磷酸肌酸储量明显增多，从而提高磷酸原供能时间。

（二）糖酵解供能

糖酵解（也称无氧代谢）是指糖原或葡萄糖无氧分解生成乳酸，并合成 ATP 的过程。在机体进行大强度剧烈运动时，糖酵解供能是主要的能量系统。糖酵解的过程主要发生在细胞质中，并不需要氧的加入。在缺氧条件下，丙酮酸在乳酸脱氢酶的催化下接受磷酸丙糖脱下的氢，被还原为乳酸。

机体内部糖酵解分为两个基本阶段：第一，糖从葡萄糖生成2个磷酸丙糖；第二，磷酸丙糖转化为丙酮酸，生成 ATP。在有氧的条件下，丙酮酸可进一步氧化分解生成二氧化碳和水。

在体育保健运动开始阶段，ATP 会在 ATP 酶催化下迅速水解，释放能量。当机体中 ATP 的浓度下降时，磷酸肌酸就会立刻分解释放出能量，合成新的 ATP。肌肉利用磷酸肌酸的同时，糖酵解过程被激活，肌糖原迅速分解，提供体育保健运动所需要的能量。

在供氧充足的条件下，无氧酵解所产生的乳酸，一部分在线粒体中被氧化生能，另一部分被合成为肝糖原等。乳酸是一种强酸，如体内聚集过度，会造成酸碱失衡，造成肌肉酸痛，影响工作、学习能力，同时也是一种运动性疲劳。

（三）有氧代谢供能

1. 有氧代谢的供能系统

机体在有氧的条件下进行体育保健运动，称为有氧代谢，其中糖、脂肪、蛋白质会被彻底氧化成水和二氧化碳。

在进行体育保健运动时，氧的供应能够满足人体的需要时，主要由糖、脂肪和部分蛋白质的有氧氧化来为运动所需的 ATP 供能。大量的能量是由有氧氧化提供的，致使能够维持肌肉在较长时间进行工作。例如，由葡萄糖有氧氧化所产生的 ATP 为无氧糖酵解供能的 19 倍。此外，有氧氧化能够实现 ATP 和磷酸肌酸的最终再合成以及糖酵解产物乳酸的消除。

在进行体育保健运动时，机体的骨骼肌一般要通过以下三大能源物质的有氧代谢释放能量，满足机体的运动供能。

（1）蛋白质的功能，主要是在长于 30 分钟的大强度运动中进行，并与肌糖原的储备有关，糖原储备充足时，蛋白质的供能仅占总热能的 5% 左右，肌糖原耗竭时，蛋白质的供能可占总热能 10%～15%。

（2）丰富的脂肪储量，主要对安静或低中强度运动进行供能。它的氧化过程对糖有依赖性，其供能的比例与运动成反比，随着锻炼时间的延长而增加。

（3）在机体的有氧代谢供能系统中，如果糖原的含量在体内较多，一般需要经过持续 1～2 小时的小强度运动，肌糖原才耗尽。

2. 有氧代谢系统对机体系统的影响

（1）对血液系统的影响

氧的运输主要由血红蛋白负责，其数量对有氧耐力有着非常大的影响。如果一个人的血红蛋白含量比正常值低，其在参与体育保健运动过程中的有氧耐力就会比较低。所以，参与体育保健运动的人要了解自己体内的血红蛋白含量，定期测量，及早发现问题、解决问题。

（2）对循环系统的影响

心脏泵血功能对体育保健运动效果有着较大影响。有研究证明，在运动初期，人的心血输出量越大，有氧氧化能力就越强。

（3）对呼吸系统的影响

人体吸入的氧气量会随着肺部通气量的增加而增加，除此之外，还深受呼吸频率、呼吸深度的影响。因为人体存在解剖无效腔，在体育锻炼过程中，降低解剖无效腔影响的最佳方法，是加大呼吸深度，以此提升储氧效率。

（四）体育保健对能量代谢的影响

系统的体育保健运动可以提高人体的供能能力，主要表现在：完成同样的动作，需氧量减少。能量消耗量也减少，也就是说，在完成同样的运动负荷时，经过长时间体育保健运动的人，消耗的能量较少。

通过系统的体育保健运动，身体呼吸系统、循环系统的机能水平都有一定的提高。对工作效率也有一定的提高，减少消耗在供能器官本身上的能量，节省下来的能量可以更好地发挥在强度的保证和难度动作的开发上。

五、体育保健与物质代谢

人体参与体育保健运动只能利用自身的能量，如人体内储藏的糖分、无机盐、脂肪、蛋白质、水等。生命活动是人体物质代谢过程的基本表现，而人体的物质代谢则由两部分构成，一是合成代谢，二是分解代谢。

（一）蛋白质代谢

蛋白质是一切生命活动的基础，其为人体参与体育锻炼提供了源源不断的能量。

1. 蛋白质对人体的作用

在蛋白质的各种构成元素中，氨基酸是重要的组成部分，对人体至关重要，其广泛存在于人的肌肉组织、骨骼、牙齿中。在这三个组织细胞中，蛋白质比例达到80%，其主要功能是对细胞进行建造、修补、重构，重新生成酶、激素等活性物质，使人体内的酸碱、体液维持平衡。

2. 蛋白质的代谢过程

食物是人体获取蛋白质的主要来源，蛋白质分子在消化液的作用下，可以分解为氨基酸并被小肠吸收，之后会以毛细血管为通道进入血液，在不同的组织中重新合成蛋白质。最终通过脱氨基代谢，转变为二氧化碳、水、氨。经过分解代谢，氨基酸会源源不断地释放能量。

3. 体育保健与蛋白质

人们参与体育保健运动，为提高运动效果，最有效的途径就是合理的补充蛋白质。科学实验证明，比例为 2∶1∶1 的亮氨酸、异亮氨酸和缬氨酸三种氨基酸的混合物，是促进肌肉力量的增长最基本和最关键的物质，特别是在大强度负荷后，能够满足人们所需要的大量蛋白质。

蛋白质代谢过程中，需要很多激素参与调解，如肾上腺素和甲状腺素能促进蛋白质的分解，表现为甲亢时，甲状腺素分泌增加，人体蛋白质分解增加，人体逐渐消瘦；当生长激素分泌增加时，人体蛋白质合成增加，肌肉健壮。

（二）水盐代谢

1. 体育保健与水代谢

在人体细胞与体液中，水所占比重达到 60%~70%。水是人体开展生理活动的基础，可以将人体所需的营养元素以直接或间接的方式输送到人体各个器官中，同时将人体代谢产生的废物以大小便、呼吸、出汗等方式排出体外。水的比热比较高，温度不太容易改变，所以在开展体育锻炼时，人体内产生的热量会通过出汗消散，让体温维持在一个正常水平。

2. 体育保健与无机盐代谢

在人体内，有些元素以有机化合物的形式出现，除这部分元素以外的其他元素统称为无机盐或者矿物质。人体处在不同时期，对矿物质的需求也不同，青少年时期对矿物质的需求最旺盛。

人们参与体育保健运动时，新陈代谢会加快，会对两类无机盐产生需求：一类是以钠、钾、镁、钙、磷等元素为代表的无机盐，其功能是对营养物质的代谢、体液的交换速率进行调节，让人体内的酸碱环境维持平衡；另一类是以碘、铁、氟、锌等元素为代表的微量无机盐，其功能是保护牙齿健康，促进骨骼、血细胞生成，让甲状腺素维持在正常水平，维护人体组织的再生功能等。

（三）脂肪代谢

体育锻炼需要脂肪进行新陈代谢，尤其是有氧体育锻炼。人体内的脂肪有两大来源：一是动物脂肪，二是植物油。

1. 体育保健与脂肪

有关研究认为，在体育保健运动中，脂肪的功能，要通过长时间的有氧运动获得供能。运动时间越长，脂肪的供能比例就越高。通过开展有氧运动，机体利用脂肪酸供能的能力得到不断提升。所以，通过长期运动，血脂升高现象可以得到有效改善，血浆中的 LDL 含量可有效下降，HDL 含量可明显提升，体内脂肪积累将不断减少，身体成分可得到有效改善。

2. 脂肪对人体的作用

人体的皮下组织、肠系膜、内脏周围等部位是脂肪的主要贮存场所，但脂肪在人体内的贮存位置是不断更新的。一般情况下，脂肪占人体重量的 10%~20%，肥胖者可能达到 40%~50%。人体获取脂肪的途径除了进食之外，还可以由糖、蛋白质转变而来。在人体内的各种物质中，脂肪所含能量最多，是人体最重要的构成成分。脂肪的细胞膜由磷脂、胆固醇、糖脂等元素构成。除此之外，皮下脂肪还有助于保温、御寒。

3. 脂肪的代谢过程

脂肪具有疏水性，它借助机体自身以及机体摄入的各种乳化剂形成乳浊液，然后在机体的水环境中被酶解成甘油、游离脂肪酸和单酰甘油，还有少量的二酰甘油和未经消化的三酰甘油，并通过小肠上皮细胞直接吞饮脂肪微粒或脂肪微粒的各种成分进入小肠上皮细胞形成乳糜微粒被吸收。乳糜微粒和分子较大的脂肪酸进入淋巴管，甘油和分子较小的脂肪酸溶于水，扩散入毛细血管。脂肪进一步分解成二碳单位，最终生成二氧化碳和水。

（四）糖代谢

人运动离不开糖这个最主要的能量。一般情况下，人体每天所需能量的 70% 是通过糖获得的，而且糖与蛋白质、脂肪相较最大的优点在于，糖的氧化不需要消耗太多氧。所以，人的肌肉和大脑将糖视为最主要、最经济的能量来源。

1. 体育保健与血糖

（1）体育保健对血糖的影响

长期参与体育锻炼的人血糖浓度和不参与体育锻炼的人血糖浓度没有

太大差异，即便有差异，也会保持在 3.9~5.9 毫摩尔/升范围内。但如果长时间进行体育锻炼，人的血糖就会下降，人的运动能力也会随之下降。

(2) 补糖对体育保健的影响

体育保健运动能量消耗大，因此在运动时要注意及时的补糖，保证运动效果。研究表明，运动前服糖的时间与血糖水平的变化紧密联系。通常情况下，服糖的最好效果在运动前半小时或两小时。因为运动前半小时到一小时之间补糖，会由于血糖升高刺激胰岛素大量分泌，导致血糖浓度下降，引发胰岛素反应，从而导致人体运动能力下降，出现运动性低血糖反应。

所以，参与体育锻炼的人补糖时间，最好是运动开始前 30min—2h，这个时间段补充糖分可以让糖随血液直接进入肌肉组织，或者完成糖原的合成转化。在进入训练阶段之后，肌、肝糖原开始供给运动所需血糖，让人体的血糖水平不至于严重下降。

体育保健运动时，养成良好的饮糖习惯，低浓度的糖便于吸收，其原因在于在较短的时间内，胃只能排空少量液体，高浓度的饮料会使胃排空的时间不断延长，使糖的吸收受到极大阻碍。

2. 糖的代谢过程

人体内储藏的糖分通过消化酶转化为葡萄糖分子，在小肠黏膜上皮细胞的作用下，葡萄糖分子承载着蛋白进入血液，成为血糖，即血液中的葡萄糖。肝脏中形成、存储的血糖叫作肝糖原；肌肉中形成、存储的血糖叫作肌糖原。肝脏将非糖质物质（如甘油、乳酸等）合成葡萄糖叫作糖的异生。糖原合成、糖异生的整个过程就叫作糖的合成代谢。最终，糖原、葡萄糖会转换为乳酸，在糖异生作用下，乳酸会再次生成葡萄糖或实现氧化分解。

第二节 体育运动与保健的基本理论与方法

体育运动与保健是应用保健学的理论知识和技能，研究体育运动过程中影响人体健康的各种环境因素以及人体与体育运动、保健运动之间的相互关系及作用规律。体育运动与保健能增强人们体质，改善人们生活。其中，体育运动是指增强身体素质的各种活动，体育保健是指改善体质与健康状况的各种活动。充分了解体育运动与保健的基本理论和锻炼方法，有助于运动者科学、合理、有效地改善身心状况，从而促进身心的全面发展。

一、体育运动与保健的内容及选择

体育运动与保健的内容应符合运动者的生理、心理特点，由体育卫生保健基本知识和各种身体运动的基本动作共同构成。在体育运动与保健实践中，必须遵循各项体育保健要求和规定，进行科学合理的锻炼。

（一）体育运动的内容

体育运动的内容是伴随人类生存需要而产生的，目的是强身祛病、娱乐身心、增进健康。体育运动历史悠久，在东方，早在我国的尧舜时期，就已出现了阴康氏发明的以医疗为目的的"消肿舞"。之后又逐渐有了汉代的"五禽戏"、宋代的"八段锦"、明代的"太极拳"等运动形式，直至近代，西方的竞技体育项目传入我国。在西方，早在公元前700多年前，古希腊人就将健身和健美结合起来进行锻炼，当时的各种按摩法、人浴法也十分流行。古罗马人也广泛采用体操和跑步等进行健身。从18世纪末期开始，以英国的户外运动和德国体操、瑞典体操等发展起来的近代体育开始广泛流行于社会。

目前，体育运动的内容包括了众多体育运动项目，涵盖了各个国家和民族的运动形式。我们认为，现代体育运动主要包括以下几方面的内容。

1. 矫正体育

矫正体育是指为弥补身体缺陷或克服机体功能障碍而进行的身体锻炼。矫正体育的内容比较丰富，运动形式也多种多样，但都是针对运动者身体的特殊性而专门开展和安排的身体锻炼。例如，轻度驼背进行的脊柱弯曲矫正操，近视眼患者进行的眼保健操等。

2. 防卫体育

防卫体育是指为提高防身和应变能力而进行的身体锻炼。防卫体育具有健身性强、实用性强和对抗性强的特点。主要包括摔跤、拳术、擒拿等运动。另外，攀登、爬越和练习个体反应、灵敏的专门练习也可以作为防卫体育的辅助练习。

3. 医疗体育

医疗体育又称康复体育，是指病患者为了治愈某些疾病而进行的身体锻炼。一般包括动作轻缓、负荷较小的散步、慢跑、气功、太极拳、保健操、按摩等运动形式。

病患者在进行医疗体育运动时，应结合自己的疾病性质采取相对应的医疗运动方式。为了提高机体的康复效果以及缩短疗程，病患者可在医生和教练员的指导下配合药物治疗，按照一定的运动处方进行锻炼。

4. 娱乐体育

娱乐体育是指为丰富生活、调节情绪、欢度余暇而进行的体育活动。娱乐体育的根本目的是消遣、欢乐、放松，娱乐体育运动内容的选择主要以运动者个人爱好为依据。由于运动者和运动者之间存在个体差异性较大，因此任何一种运动形式都有可能作为娱乐运动项目。

5. 身体锻炼

健身运动是指健康者、体弱但无病者为了强健身体而从事的一切身体锻炼活动。运动者通过健身运动的练习，能增强机体各个器官、各个系统的机能，提高各项身体素质水平，提高运动能力。

在健身运动实践中，运动者可根据自身的年龄、性别、爱好、身体素质水平等选择合适的身体锻炼手段，任何一项竞技体育项目或日常生活中有锻炼价值的动作都可以作为身体锻炼手段。

健美运动是指运动者在健身的基础上，为了提高身体的美感而进行的一切身体锻炼活动。运动者通过健美运动的练习，能形成良好的体型和姿态。

在健美运动实践中，运动者应结合自己的健美目标有针对性进行锻炼。例如，如果是为了发展肌肉力量，可进行举重和器械体操的练习；如果是为了养成端庄优美的体姿，提高肢体的协调性和身体运动的韵律感，可进行健美操、艺术体操和舞蹈等的练习。

（二）体育保健内容的选择

1. 体育保健内容选择的要求

目的性：明确目的和端正态度是运动者稳定而持久的进行体育保健活动健身的前提，运动者进行身体锻炼前必须有明确的健身目的。

首先，运动者应结合自身情况确定锻炼目的，认真考虑进行体育保健的直接目的和间接目的，并通过在运动实践中坚持锻炼，实现直接目的与间接目的的统一。例如，运动者进行体育保健活动的目的是为了治疗自身的慢性疾病，就应该从医疗价值较高的体育项目中寻求锻炼方法，然后再考虑如何通过身体锻炼促进身体的进一步健壮。

其次，运动者的锻炼目的应重点突出，尽量细化。目的过于抽象化不利于运动者制订有针对性的运动计划。例如，运动者如果只单纯地讲健身，其对锻炼内容的选择就有很大的随意性；而如果运动者着重于发展身体的某项素质，那么锻炼内容的选择就会有的放矢。

实效性：运动者在选择锻炼内容时，要注意体育保健项目的特点、作用和实际价值，不要追求表面的欣赏性。

首先，运动者应从实际出发选择锻炼内容，使体育保健活动内容尽量符合自己的年龄、性别、体质状况、体育基础等。

其次，运动者应在进行体育保健活动的过程中，多渠道、多方式地调查研究，力争全面、及时、准确地了解和掌握自己的锻炼现状和锻炼效果。针对锻炼中遇到的各种问题及时发现、及时处理。同时不断丰富自己的体育保健常识，提高运动保健效果。

可行性：运动者确定锻炼内容必须充分考虑到锻炼的客观环境状况和条件，如场地、设备、器材等实际情况。

首先，锻炼场地以就近为宜，尽量以运动者15分钟以内可到达为宜。其次，锻炼器材应小型、轻便，便于携带为宜。

季节性：运动者在进行锻炼时应充分考虑该锻炼项目的练习是否有季节、气候的要求。采用季节性较强的项目进行身体锻炼时，应随着季节的变化合理安排。例如，夏季锻炼可选择游泳、足球运动，冬季锻炼可选择长跑、滑冰项目。

总之，运动者对体育保健内容的选择应尽量科学化、系统化。对锻炼的内容不必一次确定，可结合实际情况进行适当的调整。另外，身体锻炼项目不一定是单一的，运动者可以在确定主项之外，适当选择其他活动形式辅助练习。

2. 体育保健内容选择的依据

体育保健运动的目标：体育保健以各种身体运动动作作为基本手段，在运动实践中重视与自然环境因素的配合和环境卫生的实施，目的是发展运动者的身体素质，增强其体质、增进其身心健康的全面发展。

在进行体育保健活动中，运动者应重视锻炼身体的实效性，运动形式和锻炼方法的选择都应该为提高运动者的生理和心理健康水平服务。任何不利于运动者身心健康发展的活动都是不符合运动者的体育保健内容。

运动者身心发展规律：和一般的身体锻炼活动不同，体育保健通过体育工作计划、体育保健运动目标、体育保健活动形式等有针对性、有计划地改善不同年龄、性别、身体状况等运动者的身心发展状况，促进其生理和心理的发展。因此，体育保健内容的选择必须符合运动者的身体生长和心理发展的特点和规律。

有利于运动者心智发展：生理健康和心理健康是相辅相成、互为依托的。运动者进行体育保健的主要目的是，促进生理运动水平的提高，但应同样重视在运动中培养自己良好的道德品德、优秀的意志品质、正确的行为规范和健康的审美观，在运动中强调体育、德育、智育、美育的协调一致发展。

体育保健运动项目应不仅仅促进运动者的姿态美和形体美，还要促进运动者的心灵美。美的心灵、美的情操可以通过外在的行为表现出来。通过体育保健运动的健身练习，应使"外在美"与"内在美"很好地统一起来，实现人的和谐发展。

二、体育运动与保健的特点及原则

（一）体育运动与保健的特点

体育运动与保健是人类实践经验的总结，是目前已有的、现成的知识和技能，这些知识和技能间接用于人类的实践。和其他学科和运动相比，体育运动与保健具有以下特点。

1. 与众不同的组织形式

进行体育运动与保健活动的组织形式一般以集体练习为主，大部分体育运动与保健项目的锻炼都需要同伴的配合来完成。这种与众不同的组织形式有助于增加人与人之间的交流和交往，有助于运动者形成热情、开朗、活泼的性格，改善人际关系。

2. 以增强体质为目标

体育运动与保健的主要目标就是增强人们体质，通过各种身体训练和身体运动改善身体状况。在体育运动与保健运动中，运动者应首先了解和熟悉各种科学锻炼身体的理论与方法，培养自己进行锻炼的兴趣，充分发展自己的运动能力，培养经常锻炼的习惯与意识，以促进身心的全面发展，最终达到增强体质的锻炼目的。

3. 特殊的学习环境

体育运动与保健的学习内容以身体活动为主,因此其学习环境一般在运动场或运动馆进行,也可在空旷的场地上进行,即需要足够大的学习空间。此外,对于一些特殊体育与保健项目,还需要一定的器材来支持运动者的身体学习,通过使用这些器材,使身体处于活动状态,并提高锻炼效果。

4. "体育"中体现"德育"

体育运动与保健虽然重视身体训练,但同时也将对运动者的思想品德教育融入身体活动之中,把培养运动者道德意识与道德行为的活动有机地结合起来。在学习和进行体育运动与保健活动的过程中,有助于使运动者形成吃苦耐劳、不畏艰辛、敢于拼搏、善于竞争、重视合作的性格特点,有助于培养运动者重视集体力量和集体利益、遵守规则的良好的社会行为习惯。

5. 以身体活动为内容

体育运动与保健的主要内容是指,运动者经过练习各种体育动作和运动技能,经历以身体活动为主的运动实践来改善身体素质和健康状况。

6. 独特的学习方法

体育运动与保健的学习方法不同于其他学科的学习,在学习过程中使用较多的是,在科学制订运动处方的基础上进行合理的身体练习。具体是指运动者通过思维活动和身体活动相结合的方式和方法,来理解、掌握和运用具体的体育和保健知识、技术、技能,并通过这些学习成果指导具体的身体活动实践,使运动者的运动能力、身体素质、身心发展水平等得到提高。必要时,可以结合自身的身体状况,对某些动作加以适当的改进。

(二) 体育运动与保健的原则

1. 合理负荷和合理恢复相统一

人体的运动,就是消耗人体机能的一种过程,其中合理有序的休息,有助于运动者机能的恢复,起到一定保障作用。此外,还需遵循一定的原则,即负荷、恢复两种方式进行合理统一。也就是当运动处于体育运动及保健活动时,合理统一生理负荷和间歇休息,科学恢复运动后的身体机能，从而有效提高身体素质。

在体育运动与保健活动中，运动者要想增强身体素质就必须增加运动时的运动负荷，但运动负荷必须符合机体的实际承受情况。之所以将负荷和恢复进行合理统一，是因为当运动者经过一定时间的运动后，人体机能必然需要得到一定的合理恢复，这样可以对下一次的锻炼起到积极的促进作用。

在体育运动与保健实践中，运动者要想做到合理负荷和合理恢复，不仅需要掌握人体生理学中的基本知识，还需要掌握运动中增强体质的一些原理，同时了解运动中的负荷和身体各器官间的联系；做到运动中培养出控制及检测的能力，运动后掌握一定放松及恢复的方法。

2. 体能发展和技能发展相统一

在运动中，人的技能和体能具有不同的发展规律，所以不能同日而语，且相互间无法替代。运动者无论是在体育运动中还是在保健学习过程中，需要充分融合技能及体能的发展，将两者和谐统一，充分应用于体育及保健活动中，因此运动者在掌握运动技能的同时，增强体质。从技能的学习和掌握入手，根据体能发展的规律提高运动者的体能水平。在技能发展和体能发展中，技能是体能的发展手段、是体能发展的前提；体能是技能发展的目的。

在体育学习及锻炼过程中，运动者需要在两者相统一的原则中，有机结合技能和体能的发展，并明确两者的关系。在学习技能时，应重点学习基本动作技术，而不必追求运动的细节，使身体姿态符合人体正常发展规律的要求即可。体育运动和保健的内容丰富、项目众多，运动者应结合自己的兴趣爱好选择一至两项运动项目进行重点学习，并将其作为终身促进体能发展的技能。

3. 自觉性与协同性相结合

运动者在体育运动与保健活动学习和锻炼过程中，应在教师或教练的教育和指导下充分发挥自己的主观能动性，这里就涉及了两个活动主体，即学生（学员）和教师（教练）。

在体育运动与保健活动的学习和锻炼过程中，教师（教练）是主导者，应以其丰富的体育知识和经验，调整学生（学员）的体育学习锻炼和保健过程，满足学生（学员）的需要；学生（学员）是学习的主体。因此，教师与学生、教练与学员之间只有协调一致，优势互补，才能促进二者之间良好人际关系的形成，才能有助于二者共同完成教、学、练的目标。离开任何一方的协同与合作，师生双方之间的自觉积极性就无法发挥，也就不利于体育运动与保健活动的顺利进行。

4. 健康性和娱乐性相结合

运动者通过对体育运动与保健知识的学习和身体实践活动的练习，能丰富其有关健康的知识和方法，同时在锻炼过程中，运动者的情绪也将得到改善，如使运动者感到开朗、豁达等，进而起到控制情感、磨炼意志的效果。这些都将有助于运动者以一颗健康积极的心态面对生活及工作。

体育运动与保健的健康性和娱乐性相结合的原则，要求运动者做到以下几点。

首先，运动者应加强体育与健康知识的学习，深入理解健康与体质的含义，充分了解健康的价值，正确认识健康与健身、保健的关系。

其次，运动者应在运动实践中注意各种体育运动和保健项目的合理搭配，而不能仅从兴趣出发只学习一两个运动项目，以保证身心全面锻炼和发展。

再次，运动者应把健康性落实到整个体育运动与保健活动中去，重视服饰、场地、器材的安全性和运动负荷和运动量负荷影响运动者身体的实际情况。

最后，运动者应把娱乐性落实到整个体育运动与保健活动中去，重视保持一种热烈、欢乐、积极、向上的情绪去进行体育运动与保健锻炼，并在运动中享受体育与保健活动所带来的乐趣。

三、体育运动与保健的方法

体育运动与保健方法是运动者在一定的体育运动与保健学习环境中，按照一定的计划进行体育运动与保健实践活动的学习和练习方法，是运动者增强体质、改善心智的具体实施要求。

（一）自然力法

自然力法是指运动者充分利用大自然的各种因素，如日光、空气、水等的作用来锻炼身体的方法，该方法能有效提高运动者对大自然各种环境的适应能力和对疾病的抵抗能力。下面重点介绍水浴、日光浴和空气浴。

1. 水浴

水浴有热水浴、冷水浴、温水浴三种。热水浴和温水浴能消除疲劳，清洁皮肤。下面重点介绍冷水浴。

冷水浴的作用：冷水浴是十分有效的调节人体机能的方法，它对人体的器官和心肺起到更大的锻炼效果，有利于人们适应外界温度变化，提高人体御寒抗感冒的能力。另外，对人体的神经系统有着更好的促进作用，尤其对皮肤血管有很好的效果，可以使得皮肤血管适应低温刺激。

冷水浴能刺激提高中枢神经的紧张性，引起兴奋，减轻或消除大脑皮层的抑制过程，可改善精神萎靡、情绪抑郁、疲倦欲睡的神经衰弱（抑制型）患者的情绪。

冷水浴的适用症：冷水浴可以治疗以下常见疾病：神经官能症、习惯性便秘、新陈代谢疾患、肺结核（稳定期，机能代偿良好者）等。冷水浴的注意事项：发烧、各种急性亚急性疾患以及严重心脏病患者则不宜进行冷水浴。

空腹或饭后不宜立即冷水浴（可饭后 1 小时沐浴或浴后 20 分钟进餐）。激烈运动后皮肤有汗时须先消汗，待脉搏呼吸平定后再进行冷水浴。冷水浴前一定要认真做好徒手操、跑步等热身活动，使身体发热。进行冷水浴时最好先做擦浴和冲浴，经过一个时期的过渡和适应后，再转为淋浴或盆浴。冷水浴的水温和时间应因人因地而异。水温愈低持续时间应越短，一般应在 30 秒~5 分钟，以不出现嘴唇青紫和寒战为准。初次洗冷水浴，最好选择温暖的季节，之后过渡到全年。经常洗冷水浴的人，要注意加强医务监督。

2. 日光浴

"日光浴"顾名思义，就是我们常说的"晒太阳"。这项"运动"通常发生在海滨、游泳场、庭院等场所，运动者只需将部分身体或者全身暴露在阳光下。这项"运动"对时间及气温有着一定要求，合适的时间基本上设定在一天当中上午 9~12 时或者下午 4~6 时。当然，这要根据地区、季节不同而进行适当调整，气温一般在 18~30℃ 为最佳。这时候身体便得到日光充分的爱抚。

日光浴对人体有极好的保护作用。首先，阳光的红外线刺激人的大脑，使其产生一定的兴奋；其次，人体的中枢神经系统得到有效锻炼，促使人体皮肤及皮下组织产生发热的效果，使各器官的各种机能活跃起来，从而起到新陈代谢的效果。

阳光中的紫外线不仅有杀菌作用，还能促进体内维生素 D 的合成，保证钙、磷的正常代谢，促进骨骼生长，提高免疫力。日光浴能使身体能适应外界高温，抵抗过热的刺激，提高耐热能力。日光浴可影响心脏、血液和淋巴液的活动，增加心脏每搏输出量。日光浴能使呼吸加深，提高肺通气量和机体对氧的利用率。局部日光浴可改善病理过程、缓解疼痛。

日光浴的适用症：日光浴可以治疗以下常见疾病：肺结核、关节炎（风湿性、类风湿性关节炎）、神经官能症（偏于抑制型）、心血管系统疾病、慢性肠炎、佝偻病等。

日光浴的注意事项：各种急性或亚急性的疾患者应禁忌日光浴。空腹或饱腹、过度疲劳、情绪低落、妇女经期及产后一月内不宜进行日光浴。

关节疾病、肌痛者，照射时只露出伤痛部位，其余部位应遮盖。体质弱的人应先晒身体某一部分，再逐步增加照射范围。日光浴的时间要循序渐进，最多不超过2个小时；长时间照射中，要间歇几次，到阴凉地方休息几分钟。根据个人体质而定。日光浴时用帽子遮住头部，戴墨镜保护眼睛。日光浴时不要睡觉、看报或抽烟，若出现头疼、皮肤潮红，有烧灼感、瘙痒、恶心等症状应立即停止。日光浴后如出现头痛、失眠、心跳亢进、消化不良、体重持续下降等状况，应休息数天或减少照射时间。

3. 空气浴

空气由多种分子构成，属于混合物，空气中的有些分子受自然界的宇宙射线、紫外线、土壤和空气放射线的影响，有时会释放出电子、阴离子。

"负氧离子"是空气分子在高压或强射线的作用下被电离所产生的自由电子大部分被氧气所获得空气负离子统称。

因为负离子具有抗氧化（还原性）防衰老的突出作用，因此负氧离子的医疗保健可以补充给老化细胞或血球电子，实现抗氧化防衰老，消减自由基的作用。

空气负离子对整个机体的作用主要是通过呼吸系统，经神经反射和体液机制实现的，对人体健康非常有益。

负氧离子对人体的好处：①空气中的焦、二手烟及油烟等正离子，起到消烟除尘的效果；②对肺炎、气管炎等常见呼吸道疾病起到一定保护作用，增加更多人体需要的负氧离子，起到改善空气结构的效果；③利于人体氧气的吸入，排出多余的二氧化碳，起到改善肺功能的效果；④振奋人的精神，提高工作效率，起到改善人体心肌功能的效果；⑤激活人肌体中的多种酶，改善睡眠，起到促进人体新陈代谢的功能；⑥改善人体肌体反应，起到增强肌体抗病的能力；⑦有效缓解或者治愈诸如过敏性花粉热、支气管哮喘等症状。

世界卫生组织针对负氧离子进行了一定标准的划分，并将清新空气中的负氧离子含量进行了数据分析，指出每立方厘米空气中，负氧离子存量为1000~1500个，城市房间里的负氧离子浓度是100个/立方厘米，而楼宇办公室里的浓度甚至低到40~50个/立方厘米。而室外或公园的负氧离子浓度为400~1000个/立方厘米，如果到森林和瀑布地区、高山海边的"大气维生素"含量更丰富，分别能达10000~20000个/立方厘米、5000~10000个/立方厘米。我国福建武夷山、新疆的天池等许多著名景区的负氧离子浓度会更高，甚至超过100000个/立方厘米。从这个意义上讲"绿水青山就是金山银山"。

（二）评价法

经过体育保健的实践，运动者通过对"学、练"两个方面行为进行价值评定以及判断，及时控制并调节锻炼情况，是运动者在评价和自我评价的基础上不断提高锻炼效果的重要途径。其主要包括以下几种。

1. 效果评价法

这是运动者在体育保健实践中应用的另一种方法，这种方法通常是运动者借助相关的检测手段如测验、考核等方法，以此评价运动者的体育知识、动作技术等情况，针对教师或者教练员在具体的教学过程中，对其进行自我测试和检查，并通过测量自己或者同伴在锻炼过程中的身高、体重、围度等参数，将这些所得信息进行自我量化评价。然后，运动者借助定量化的评价结果，及时调整自己的运动负荷、运动时间等。另外，需要对锻炼过程中的安全问题加以防范，尽可能避免因场地、器材等原因造成的运动损伤和伤害事故的发生，充分保护自己。

2. 动作评价法

这种评价法是基于体育保健实践，运动者通过对动作进行质量及成绩方面的评价，并对运动者的练习实践提出具体的改正措施和改进方向的方法。

动作评价法能够帮助运动者对自己的动作行为方式及特征进行审视，然后借助他人或者自身的思维活动，更加认清自身运动的特征。例如，对动作技术的理解以及技能结构、要领等因素的认识。运动者通过动作评价法，对体育保健知识及技术有着独特的理论与实践意义，可以有效促进运动者的身体素质及运动技能。

3. 目标评价法

这种评价法基于运动者在体育的保健实践中，获取他人或者运动者对自身的学习情况、锻炼目标等方面展开评价，进而帮助运动者在练习实践过程中，找到更好的改进措施。

目标评价法能为运动者的锻炼提供一个正确的方向，同时便于运动者发现练习实践中存在的具体问题和自己与目标行为之间的差距，使运动者积极、主动、有效、有针对性地进行锻炼。

4. 负荷评价法

这种评价法促使运动者在体育保健实践过程中，能够发现他人或者自己对其人体生理机能及心理状态的变化规律，然后经过对生理心理的负荷评价，进而对练习实践进行改进。

生理负荷和心理负荷是影响运动者体育保健运动的重要因素，是评价其体育保健效果和质量的重要标准，直接影响运动者学习体育保健知识、技术、技能的效果，关乎运动者的身体健康和身体素质水平。因此，合理安排运动负荷是运动者在体育保健运动实践中首先需要考虑和解决的问题。

（三）自练法

自练法是运动者根据自身的独立活动，对练习、适应、反馈等不同的练习模式进行有目的的模仿，进而展开保健运动项目具体的动作实践方法。

1. 负重练习法

负重练习法是指运动者使用杠铃、哑铃、沙袋等重物辅助身体进行锻炼来增强体质的方法。

负重练习法在体育保健运动中被广泛采用，它既可以用于增强普通健身者的体质而使其身体得到锻炼，又适合各类专业运动员进行专项身体训练，还适合于身体疾患者进行康复练习。

运动者的负重应结合机体的承受标准和计划运动持续时间来综合确定。一般来说，以增强体质为目的的负重练习，应采用机体最大摄氧量和最大心排血量以下的负荷，以免负荷过大而给运动者的心血管和呼吸系统带来不良的影响。

2. 间歇练习法

间歇练习法是指运动者严格要求动作结构、负荷强度、间歇时间，以使机体在不完全恢复的状态下反复进行练习的方法。

运动学认为，人体体质的增强是在运动中实现的，体质内部增强的本质是机体在休息的过程中获得了超量恢复。实践证实，间歇对增强体质的作用并不亚于运动本身，间歇时间内机体的各种变化体现了保持同化优势的重要性。运动者在练习实践中，应依据负荷的有效价值标准来调节间歇，把负荷量调节到负荷有效价值范围之内。一般的，当负荷反应（心率）指标低于有效价值标准时，可缩短间歇时间；当负荷反应（心率）指标高于价值标准时，可延长间歇时间。当运动者的心率在130次/分钟左右时，就应再次开始锻炼。间歇期间应进行休息，可采用慢走、深呼吸、整理运动等方式放松肌肉和帮助机体的新陈代谢，避免静止休息。

3. 模仿练习法

这种方法是运动者对其他动作进行模仿，以此达到对动作技术技能的熟悉掌握。模仿练习是运动者学习动作技术、技能的最基本的途径和方法，是运动者对他人的动作行为所作出的直接反应和行动。

4. 循环练习法

运动者需要通过不同的练习点，依据已经确定的顺序和路线进行各个点的练习，以此完成任务的方法。

练习过程中，运动者完成一个点上的练习任务后，应迅速转移到下一个点，完成下一个点的练习任务后，练习更多的点，最后完成各点上的练习，这样便完成了一个循环。

之所以采用这种循环锻炼法，主要意义在于依照全面性原则找到合适的项目，不仅可以让四肢得到发展，还能对胸背部展开运动。此外，身体的形态也能达到健美的效果，也需重视机体各项素质的全面发展。

循环练习法对运动者的技术要求不高，选择的项目内容以较轻度的负荷练习为宜。另外，循环练习应建立在浓厚兴趣的基础之上，以充分调动练习者的积极性和主动性。在练习过程中，可针对实际情况对练习内容、练习负荷、练习点的顺序安排等进行适当的调整。

5. 反馈练习法

这种反馈练习主要是运动者通过掌握动作模式、实际练习间的目标差距，进而得到更多的反馈信息，以此进行自我判定，从而对技术技能进行改进并提高。这种方法的目的是，运动者在练习过程中，能够及时对错误动作进行预防。此外，运动者通过练习实践，分析错误原因，然后借助有效的手段和措施进行纠正，避免错误的技术的发生，导致无法更好地掌握动作技术。除此之外，运动者获取的有效信息，能够避免其在练习过程中发生事故问题。

6. 强化练习法

强化练习法是指运动者在反复练习的基础上，通过自我强化的手段创设难度较大的、复杂多变的练习条件和外部环境，以巩固和提高技术、技能，形成动作技巧的方法。

强化练习法的目的是使已经掌握的动作技术形成正确的动力定型和熟练的动作技巧。强化练习必须建立在强烈的学习动机的基础之上，同时，运动者必须具备较高的独立自主学习的能力和长期坚持练习的意志。

7. 重复练习法

重复练习法是指运动者在体育保健运动过程中，多次重复同一练习，以增加负荷的锻炼方法。

重复法主要表现在对身体及体质的增强，进而进行一系列负荷动作。该练习法需要注意以下三个方面：第一，运动者要充分划分休息的间隔时间，利于提高有氧无氧的综合代谢能力，进而对机体熟练性、耐久性进行一定程度的提高；第二，对锻炼项目的不同特点和体质保持一定的关注，及时进行调整，避免机械呆板并处于厌烦情绪；第三，对负荷的有效价值范围做到充分掌握（最有锻炼价值负荷量下的心率），进而调节重复次数。一般在重复锻炼中，基本是按照实际的发生情况进行心率的排定，心率范围控制在 130~170 次/分钟较为合适。通常情况下，重复次数越多，身体对运动的反应就越大。如果重复次数超出了身体所能承受的最大负荷，将造成人体有机体的极大损伤。

8. 连续练习法

连续练习法是指运动者在较为恒定的基本上进行的无间歇活动时间或间歇时间很短的方法。

连续练习法的目的是为了增强体质，这种连续给人体不断增加负荷的活动，需要运动者控制负荷量，以此确保身体能够充分受到运动的作用。练习在实践中运用，较好的方式是将负荷价值连续的锻炼时长进行关联，也就是说，运动者控制心率在 140 次/分钟左右，相应的连续锻炼时长控制在 20~30 分钟，这样便能将血液和氧气输送至人体机能的各个部位，从而促进有机体的有氧代谢能力。

运动实践中，运动者进行连续锻炼时应选择一些比较容易操作的项目内容，也可选择运动者本身较为熟悉的项目内容，切忌强负荷、大运动量的长时间持续运动，以免造成身体不适或机体损伤。此外，连续、间歇、重复都是在同一锻炼过程中实现的，三种锻炼方法可结合起来使用。

9. 适应练习法

这种练习法适合运动者进行动作练习再现，以此确保自身在生理和心理方面的适应性，从而对体育保健运动的技术和机能进行充分掌握。这种练习法是运动者对新动作、新技术以及新技能进行动作自动化的适应过程。因此，运动者需要在生理和心理定式方面进行适应性的练习实践。要求运动者掌握保健运动的基本知识及动作，并在实践中体现一定的动作表象及感念，如果错误动作一旦形成，在后期的练习过程中再进行纠正，就不会那么容易了。不过，运动者能够通过诱导辅助性的练习，规避这一问题的发生。为达到更好的锻炼效果，需要要求运动者不断加强学习，尽可能提高自我的运动实践能力。

10. 变换练习法

这种练习法基本上作用于运动的负荷、形式及内容等，便于增强自己的积极性和适应性，变换练习法可通过对运动者的练习内容、练习时间、动作速率等提出新的要求，来有效地调节其生理负荷，提高其锻炼的兴奋性，强化其锻炼意识，克服锻炼过程中产生的疲劳和厌倦情绪，不断提高锻炼效果。

变换练习法应结合不同运动者的具体情况进行合理安排，做到因人而异。例如，运动者刚参加锻炼时，可多做些诱导性练习和辅助性练习，以提高运动者的兴奋性，激发其运动兴趣；锻炼一段时间后，可加大练习的难度，以给予运动者机体新的刺激，提高机体对负荷的承受能力，使机体不断产生适应性变化，逐渐提高其运动水平和锻炼效果。

（四）自学法

这种方法需要运动者发挥主观能动性，借助阅读、观察等方式，对体育卫生及保健知识进行了解，以此养成自学动作的过程。

1. 观察法

这种方法是运动者借助自身机体对保健项目的内容和动作进行感官体验，以此建立有一定目标性的认知，从而建立动作概念及表象。观察是一种带有一定目的性的人体机能感知方法，当运动者在对体育保健内容中的动作进行学习研究时，对诸如教师、教练员等进行有意识的动作观察，如动作的指向、运动的方向路线甚至是连续的时长等因素。此外，对图片、电视等更具象的观察也是运动者有效的观察手法，这便于观察者明确其目的及重点，以此提高效果。

2. 比较法和讨论法

比较法和讨论法是指运动者在体育保健中，做好与同伴、教师及教练之间的及时沟通，以此实现在遇到问题时，可以实现更加快速的学习。

比较法和讨论法适用于有一定体育保健运动基础的运动者，目的是强化对动作、技术的认识，了解动作表象背后的一些本质性的东西。

3. 阅读法

这种方法要求运动者通过阅读体育保健相关的书籍报刊，进行理论知识的学习，进而让自己的知识面得到更大程度的拓展，从而对动作有更好的理解。不过，运动者在阅读的时候，除了需要将理论和实际紧密联系外，关键是要掌握动作要领及技术方法，对动作的方向、路线及时间进行充分掌握。此外，对体育保健内容涉及的保护措施及方法进行充分学习。

第三节 传统体育养生保健方法

中国传统体育养生保健深受儒家、道教、佛教、医学、武术等文化的影响，融各种修身、养性、防病、治病功效于一体，具有非常重要的健身养生功能。传统体育养生保健内容丰富、形式多样，本节重点阐述了太极拳、五禽戏、易筋经、八段锦的基本知识和特点，并对其养生保健方法进行了深入的阐述。

一、八段锦

（一）八段锦概述

八段锦是一种非常优秀的内功养生保健功法，因由八节动作组成，故得名八段锦。八段锦的创始人和时间并没有得到肯定的论证，大约形成于12世纪。在湖南长沙马王堆三号墓出土的《导引图》中，我们可以看到，其中至少有4幅图势与八段锦图势中的"调理脾胃须单举""双手攀足固肾腰""左右开弓似射雕""背后七颠百病消"相似。对于八段锦的起源，在魏晋许逊的《灵剑子引导子午记》中有相关锻炼方法的记载，但最早出现"八段锦"的是在南宋洪迈所著的《夷坚志》中："政和七年，李似矩为起居郎，尝以夜半时起坐，嘘吸按摩，行所谓八段锦者。"因此，许多学者认为八段锦是在宋朝时期创编的。

八段锦分为站式八段锦和坐式八段锦，站式八段锦又称舞八段，多为直立式或马步式，俗称北派；坐式八段锦又称文八段，多为坐式，俗称南派。在南宋曾慥著的《道枢·众妙篇》中，最早出现了有关站式八段锦的描述："仰掌上举以治三焦者也；左肝右肺如射雕焉；东西独托，所以安其脾胃矣；返复而顾，所以理其伤劳矣；大、小朝天，所以通其五脏矣；咽津补气，左右挑其手；摆鳝之尾，所以祛心之疾矣；左右手以攀其足，所以治其腰矣。"当时还未对八段锦进行定名。真正定名"八段锦"的是南宋陈元靓所编的《事林广记·修真秘旨》，书中将八段锦定名为"吕真人安乐法"，其文已歌诀化，有文字可考："昂首仰托顺三焦，左肝右肺如射雕；东脾单托兼西胃，五劳回顾七伤调；鳝鱼摆尾通心气，两手搬脚定于腰；大小朝天安五脏，漱津咽纳指双挑。"

清朝末年，《新出保身图说·八段锦》一书中，首次以"八段锦"为名，并绘有图像，形成了较完整的动作套路。其歌诀为："两手托天理三焦，左右开弓似射雕；调理脾胃须单举，五劳七伤往后瞧；摇头摆尾去心火，背后七颠百病消；攒拳怒目增气力，两手攀足固肾腰。"从此，传统八段锦动作被固定了下来，并在民间广为流传。

新中国成立后，由于民族传统体育受到了党和政府的高度重视，先后组织学者对传统八段锦进行了深层次的挖掘和整理。20世纪50年代后期，由唐豪、马凤阁等人编著的《八段锦》在人民体育出版社出版，随后习练八段锦的群众逐年增多。到20世纪70年代末至80年代初，八段锦作为民族传统体育项目开始进入我国大专院校课程，这些有效的措施和积极的政策都极大地促进了八段锦的发展。现在,八段锦经过更为细致的研究和修改,已经成为一项非常适宜的大众健身项目,八段锦的大众化发展趋势日益明显。

(二) 八段锦的养生保健功法研究

1. 八段锦的基本技法分析

(1) 手型

拳:用大拇指抵掐环指(无名指)根节内侧,其余四指屈拢收于掌心,握固(图5-3-1)。

图5-3-1 手型

掌:有两种掌型,具体如下。
①五指稍分开,微屈,掌心微含(图5-3-2)。
②拇指与食指竖直分开成八字状,其余三指的一、二指节屈收,掌心微含。

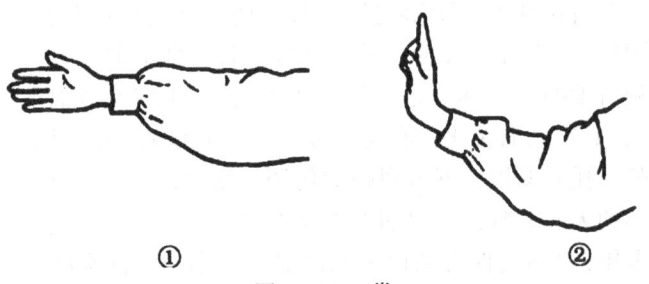

图5-3-2 掌

爪:伸直手腕,五指并拢,拇指的第一指节,其余四指的一、二指节屈收扣紧(图5-3-3)。

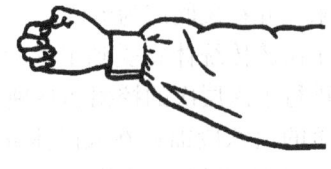

图5-3-3 爪

(2) 步型

马步：开步站立，脚间距大约为本人脚长的2~3倍，双腿平行，然后下蹲，脚尖平行向前，不要外撇，膝盖不能超过脚尖，大腿几乎与地面平行，胯内收，臀部保持紧张。

2. 八段锦的养生保健功能

固腰强肾、改善骨骼：首先，练习八段锦可固腰强肾。八段锦的很多动作通过双臂翻转、扭动带动肘部一起活动，从而达到心肺经络疏通的目的，同时对命门、任督二脉起到刺激作用，从而达到壮腰的目的。八段锦还通过下肢运动对足部经络产生刺激，起到利胆、护肝和强化腰部力量的作用。而且通过对足部经络的刺激引起生殖系统的条件反射，从而达到保护肾功能的目的。其次，练习八段锦可改善骨骼。八段锦通过站桩、躯干折叠等动作强化腿部力量，从而起到稳定身体重心的作用，还能有效预防血钙流失，达到强化骨骼的作用。

降低血压减少脂肪、清醒大脑：八段锦具有运动量小、持续时间长的特点，是一项很好的有氧运动。长期坚持锻炼可以消除人体多余脂肪，随着脂肪的减少，血管壁承受的压力随之降低，所以这项运动具有较好的降压作用。另一方面，八段锦是一项较好的康复体操，它的功法练习强调畅通肾经，强调手指的抓握变化，重视跷脚趾及上下肢的配合，可以有效地锻炼大脑、增智冲慧，因此八段锦有醒脑宁神的功效。

提高身体柔韧性：八段锦的练习中有许多抽筋拔骨的伸展性运动，练习者长期地进行练习，能有效提高身体各部位的柔韧性。

3. 八段锦的养生保健套路

这里以站式八段锦为例。准备阶段：身体自然站立，双臂自然下垂，身心放松，舌头轻轻抵住上腭，眼睛向远方平视。

第一段：两手托天理三焦。

承接准备阶段步骤，然后吸气，双臂从身体两侧向上举起，手心向上，就像托起天空的样子。与此同时，抬起脚跟，双眼直视手背。伴随着吸气双臂原路恢复原有姿势，同时脚跟缓缓落地成开始姿势。

第二段：左右开弓似射雕。左脚向左侧迈开一步，并成为马步形状，双臂同时向上举起，并成交叉状。左手食指与拇指呈八字状，另外手指配合扣住，并向左边推动。右手握拳向右边平拉出现左开弓形状。双臂落下后再缓缓向抬起，也似左手呈右开弓状。

第三段：调整脾胃须单举。双腿缓缓伸直，双臂向上抬起，手心朝下。左手向上举起到头顶部，右手向下按着右变跨部，这个动作叫左举。右手同样的姿势只是方向相反，称为右举。

第四段：五劳七伤往后瞧。双腿缓缓伸直，头部向左边并向后转，双眼平视后面。然后稍停留，头部慢慢恢复原位，头部随之向右边并向后转，双眼平视后面。

第五段：攒拳怒目增力气。左脚向左侧迈出一步呈马步状，双手在腰部握拳目光平视远方。左拳用力向前伸出，并变为平掌，后再在腰部成拳状。右拳也是同样的动作，只是方向不同。

第六段：双手攀足固肾腰。双腿直立上身向后仰，双手移到身体后面。上身慢慢向前伸，双臂随之向前向下伸展，手握脚尖片刻。

第七段：摇头摆尾去心火。左脚向左边迈出一步呈马步状，双手护住膝盖。伴随着吸气头部和臀部分别向左下和右上部摆动，身体上部向左倾。伴随着呼气头部和臀部分别向右下和左上摆动，身体上部向右边倾斜。

第八段：背后七颠百病消。两脚跟向上提，双手在身后呈交叉状并吸气。两个脚跟缓缓向地面落下，但是不能落地并呼气。

在社会上、电视网络中八段锦流传看很多版本，练习者可以根据自己的身体情况和适应程度，选择适合自己的套路，甚至可以发挥，只要自我感觉舒服，能够达到锻炼身体，达到养生功效即可（八段锦也可以按照以下的顺序：①两手托天理三焦；②左右开弓似射雕；③调理脾胃需单举；④五劳七伤往后瞧；⑤摇头摆尾祛心火；⑥两手攀足固肾腰；⑦篡拳怒目曾气力；⑧背后七颠往后瞧）。

二、易筋经

（一）易筋经概述

对易筋经三个字的解释：易有改变的意思，筋就是筋骨的意思，经是规则、方法。合起来就是运动筋骨的方法。它是一种经久流传的强身健体的方法。易筋经融体育锻炼与养生于一体，对后代体育和传统功法有着重要影响。有关它的起源有较多传说，概括起来有五种：①由天竺人达摩所传。达摩于公元526年来到中国少林寺，是我国禅宗的祖宗。修炼禅宗的方式主要是静坐，通过长时间静坐去除气瘀。以后经过几代少林寺人的完善，将其发展为健身习武的方法。②根据《汉武帝内传》的记载，易筋经是东方朔创作，但是这种说法支持者很少。③易筋经是劳动人民长期实践的结晶,由于在劳动过程中会产生各种姿势,由此诞生出易筋经。这种说法也没有得到广泛认可。④易筋经是根据八段锦和五禽戏发展而来,因为它们之间有相似的理论基础和修炼本源,也符合演变规律。⑤易筋经是由秦汉时期的导引术发展而来,起源于古代的巫术。到了唐宋时期由寺庙的僧侣编制而成,明朝开始在社会上流传。根据文献记载,这种说法最有根据。

明朝天启年代就有了易筋经的手抄本,到了清朝道光时期出现了刻印本。少林寺的僧吕在弘扬易筋经的过程中发挥了主要作用。到今天,易筋经由原先的十二式发展到二十四式。

(二) 易筋经的养生保健功法研究

1. 易筋经的基本技法分析

握固:大拇指抵掐无名指根节,其余四指屈拢,收于掌心。龙爪:五指分开,中指伸直,其余四指内收。虎爪:虎口撑圆,五指分开,第一、第二指关节弯曲内扣。荷叶掌:五指自然伸直,张开。柳叶掌:五指自然伸直,并拢。

弓步:身体直立,一只脚向前迈出一大步,两条腿之间有一定距离,前腿向前呈弓状,大腿和地面呈平行状,后腿直立脚跟落地,脚尖向内微微扣紧,整个脚掌落地。

丁步:两只脚左右分开距离为15厘米左右站立着。两条腿呈半蹲状,前腿脚尖落地脚跟向上提,后腿则整个脚掌落地。

马步:双腿之间有一定距离站立,并呈半蹲状态,大腿要稍微高于水平。

2. 易筋经的养生保健功能

肢体舒展,强筋健骨:《易筋经》中提道:"筋弛则病,筋挛则瘦,筋靡则痿,筋弱则懈,筋缩则亡,筋壮则强,筋舒则长,筋劲则刚,筋和则康。"肢体舒展是易筋经习练的基础,在练习中,练习者的四肢、躯干、关节等都需要完全、彻底、充分地屈伸、扭转,从而牵拉机体各部位多角度、多方位地活动。长期习练,可锻炼人体肌肉,改善人体经脉,调节人体筋脉,促进血液循环,加强新陈代谢,外练筋骨,内壮脏腑。

平衡阴阳,畅通气血:《内经》认为:"阴平阳秘,精神乃治;阴阳离决,精气乃绝。"意思是说,人体阴阳之气能决定身体的健康。中医认为:"气为血之帅,血为气之母。""气"是维持生命活动最基本的物质,可温养肌肤，抵御外邪，还参与脏腑活动。"血"是神经活动的重要补给，可营养和滋润全身。易筋经的习练正是运用了中医的气血运行的规律，习练易筋经可以增强真气在人体内部的运行，使身体的各个器官和组织都能得到充分的放松和休息，进而促进全身的气血流畅、关窍通利、阴阳平衡、形神统一。

祛疗病疾，延缓衰老：首先，易筋经的外形习练可加强练习者全身的血液循环，改善其内脏功能，能防治心血管疾病、呼吸系统疾病、消化系统疾病以及尿频尿急、头痛头晕、失眠多梦等病症，同时，可延缓衰老。其次，易筋经的内在修持可使练习者心情宁静，全身放松，保持良好的情绪。再配合身体的扭转拉伸、手足推挽，有助于缓解压力、消除疲劳、补充精力、祛疾健身、塑身修形、益寿延年。

3. 易筋经的养生保健套路

（1）预备势。身体自然站立，双手也在两体侧，呈自然状态垂下。下颌稍微收紧，嘴唇并在一起，双眼目光平视远方。

韦驮献杵第一势：左脚向左迈出半步，双脚距离和肩部宽度一样，双膝向前微屈。双手呈自然状态垂下。双臂向前平伸掌心相对，指尖朝前。双臂略屈手指以斜上方30°前伸，并合掌于胸前，目光向前下方。

韦驮献杵第二势：双臂抬起并平伸，与肩部持平，掌心朝下。双臂向前伸展，指尖朝前。双臂向两侧平举，手心朝下，五个手指并在一起，视线向前下方。

韦驮献杵第三势：双臂平伸指胸前，手心朝下，手掌距离胸部大约一拳的距离，目光朝前下方。

（2）摘星换斗势。左摘星换斗势：①脚跟慢慢着地，双手握拳双臂垂下，然后两拳逐渐伸开，手心朝下，身体自然放松，目光朝前下方。②双膝屈膝身体向左转。右臂向下摆动后打开手掌，左臂向两侧摆动到身后并轻轻按在命门上，目光朝前下方。③身体直立转正。右手向头顶右上方摆动，手指向左侧，手背轻轻按在命门上，眼睛随着手的动作而转移视线，确定后视线朝向掌心。④站立片刻，双臂呈自然状态落下。

（3）倒拽九牛尾势。右边倒拽九牛尾势：①双膝向前稍微弯曲，左脚向左后方退一步，同时右腿弯曲成为弓步。左手向前、后下方伸出，握成拳头状。右手伸出和肩部持平然后握拳，比肩部稍微高些。视线在右拳方向。②身体左膝稍微向前伸展，重心向后移动。腰部向右边稍微转动并带动肩部一起动作。同时右臂和左臂配合内外旋，并收拢在胸前。视线在右拳方向。然后重心向前移动，双膝呈现弓步状。腰部向左转动同时带动肩部，视线在右拳。③重复第二步动作，一共做3遍。④将左脚恢复到原来位置，重心移至右脚，双臂在身体两侧呈自然状态落下。双眼向前下方看。

（4）出爪亮翅势。①右脚恢复原来位置，身体重心向左脚移动。左臂和右臂内外旋转收拢抱在胸前，同时双手变成柳叶掌，手心相对，视线向前上方。②放松肩部，扩展胸部，双臂慢慢向前方伸展，同时慢慢变为荷叶掌，视线向前下方。③重复练习第二步动作5遍。

（5）九鬼拔马刀势。①身体向右边转动，左右手内外旋手心朝下方，然后右手向后伸展，左手向前伸展。身体向左转。右手向左边饶头半周，左手后轻按脊柱。头向右侧转动，右手按在耳朵上，眼睛目光随着手的动作而动，目视左后方。②手臂伸展同时身体向右转，视线在右上方，膝部稍微弯曲，左手沿着脊柱方向向上移动。视线在右脚跟方向。③重复第二步动作3次。④身体立正，右手上绕头部成侧平举状态，左手也是上绕头部侧平举，手心朝下方，目光朝前下方。

（6）三盘落地势。①左脚向左边迈出一步，视线在前下方，膝部稍弯曲并呈下蹲状。手掌用力向下按，掌心朝下方，视线朝向前下方，并大声喊出"嗨"音，声音要短促有力。②肘部稍微弯曲，掌心朝上，慢慢站立，视线向前。③重复第二步动作3次。

（7）青龙探爪势。①身体呈自然状态站立，双手握紧，双臂弯曲在腰部，拳心朝上，视线向前下方。同时右拳逐渐伸展成掌，右臂伸展低于肩部，视线随着手的动作而改变。②右臂弯曲经下颌向左伸出，视线随着手的动作而改变，身体左转动，视线向着右手方向。③身体向左边弯曲并伸展手心朝下，视线朝下。④身体上抬站立，右拳在章门穴附近收紧，视线朝下。

（8）卧虎扑食势。①左脚在右脚里面呈丁字步，身体向左转动，双手握拳在章门穴。视线随着身体转动而改变。②左脚向前迈出一步，呈弓步状态，双拳在云门学附近收紧，并向前伸出，视线向前。③身体从腰部向胸部伸展，身体重心随着转移。双手环绕身体一周，然后身体上部向下俯瞰。后腿弯曲，脚尖落地，脚跟略微上抬，视线向前。④站立后双手握拳在章门穴，身体重心向后移动，并转动半圈，右脚呈弓步状。

（9）打躬势。①身体恢复成站立状态，重心向后面移动，右脚向前伸，左脚回收。双手向两侧平举，双臂稍微弯曲，并鸣天鼓7遍，视线朝下。②双腿向前伸展，身体向前伸，从头部逐渐向下慢慢引导前驱，视线在脚尖。③与第二步动作相反，从骶椎到头部逐渐伸展，直到身体站立状态，视线朝前下方。④重复第二步、第三步动作3次。

（10）掉尾势。①身体呈站立状态，双手向前伸展，双手交叉握紧，翻开手掌向前伸开，然后再重复一次。视线在前面。②头部左后转，视线朝尾闾方向，双手交叉停留片刻后再前屈。③头部右转，视线朝向尾闾，双手交叉停留片刻后前屈。④重复第二步、第三步动作3次。

（11）收势。①双手放松，身体慢慢站立，双臂向两侧伸开并上举，视线朝下方。②双臂收回肩部放松，手掌从头部向腹部逐渐伸展，视线向前。③重复第一步、第二步动作3次。④双臂呈自然状态在身体两侧，身体呈自然状态站立，视线向前方。

三、五禽戏

（一）五禽戏概述

五禽戏又称"五禽操""五禽气功""百步汗戏"，是我国一项历史悠久的民族健身功法运动项目。据《吕氏春秋·古乐篇》记载，在远古时代，我国许多地方湿气较重，许多人都患有被当时称为"重腿"的关节疾病，面对这种情况，于是就有了"乃制为舞""以利导之"的治病方法，这种具有"利导"作用的"舞"应运而生，成了我国远古时期中华气功导引的一种萌芽。这是种"舞"主要就是通过模仿飞禽走兽动作、神态来进行健身锻炼的。在我国已出土的许多文物和历代文献中都有相关记载，如1973年，我国湖南长沙的马王堆三号汉墓被发现，其中出土了很多珍贵文物，在44幅帛书《导引图》中发现了许多绘有古人模仿动物姿势的动作，有"龙登""鹞背""熊经"以及很多模仿猴、猫、犬、鹤、燕等的动作或形状；《庄子》中的"吹呴呼吸，吐故纳新，熊经鸟申（伸），为寿而已矣"，其中的"熊经鸟伸"就是对古代养生之士模仿动物姿势习练气功的情形的生动描绘。相传五禽戏由华佗创编而成，关于这一传说的最早的文字记载见于西晋时陈寿的《三国志·华佗传》。《三国志·华佗传》中提到"吾有一术，名五禽之戏，一曰虎，二曰鹿，三曰熊，四曰猨（猿），五曰鸟。亦以除疾，并利蹷（蹄）足，以当导引。"另有南北朝时范晔所著的《后汉书·华佗传》中也有类似于上述文字记载的相关内容，这些史书证明了华佗编创五禽戏确有其事，但因有文无图，具体动作无从考证。关于五禽戏的相关动作的文字记载最早见于南北朝时名医陶弘景所著的《养性延命录》，其中描述了五禽戏的具体动作，因南北朝距东汉末年不过300年，可以认为陶弘景所描述的五禽戏动作可能比较接近于华佗创编的五禽戏。关于五禽戏的相关动作的图文记载，在明代周履靖的《夷门广牍

·赤凤髓》和清代曹无极的《万寿仙书·导引篇》、席锡蕃的《五禽舞功法图说》中都可以查阅到，这些著作中不仅有对五禽戏动作的配图，还有对五禽戏的习练方法的较为详细的文字描述。和《养性延命录》中的记载相比，这些著作中的五禽戏动作均为单式，排序也变为"虎、熊、鹿、猿、鸟"。但因这些著作对"五禽"动作、神态、习练与气血的关系进行了描述，因此是后人研究五禽戏起源的重要文献资料。五禽戏是我国已知的最早的、最完整的医疗保健操，对后世的气功武术有很大的影响。新中国成立后，卫生部、教育部和当时的国家体委将包括五禽戏在内的中国传统养生法作为医学类大学的"保健体育课"的内容。2003年，国家体育总局把重新编排的五禽戏作为健身气功在全国推广。目前，五禽戏已经形成了众多流派，各流派或重内功，或重外功，或重炼形，或重炼意，都是以传统五禽戏动作为基础的强身健体、防病治病、益寿延年的功法练习。

（二）五禽戏的养生保健功法研究

1. 五禽戏的基本技法分析

（1）手型

虎爪：五指自然张开，虎口尽量撑圆，第一、第二指关节弯曲内扣。

熊掌：以拇指压食指指端，其余四指并拢弯曲，虎口尽量撑圆。

鹿角：拇指伸直向外张开，食指、小指伸直，中指、无名指弯曲内扣。

猿钩：五指指腹捏拢，屈腕。

鸟翅：五指伸直，拇指、食指、小指上翘，无名指、中指并拢向下。

握固：拇指抵掐无名指根节内侧，食指、中指、无名指、小指屈拢，收于掌心。

（2）步型

弓步：两脚前后分开，前脚脚尖微内扣，腿屈膝半蹲，大腿接近水平，膝与脚尖垂直。后腿挺膝伸直，脚尖内扣，脚跟蹬地，前脚同后脚成一直线。上体正对前方，眼向前平视。

丁步：两脚左右分开，间距10~20厘米；两腿屈膝下蹲，右（左）脚掌着地踏实，左（右）脚脚跟提起，脚尖点地，置于右（左）脚脚弓处。

虚步：以右脚虚步为例，两脚前后开立，右脚向前迈出，脚足着地，脚尖上翘，脚面绷平，膝微屈，左腿屈膝下蹲，全脚掌着地，脚尖斜向前方，臀部与脚跟上下相对。两手叉腰，眼向前平视。

(3) 平衡

提膝平衡：一腿直立站稳，另一腿体前屈膝上提，小腿自然下垂，脚尖向下。上体正直，目视前方。

后举腿平衡：一腿蹬直站稳，另一腿伸直，向体后举起，脚面绷平，脚尖向下。抬头，目视前方。

2. 五禽戏的养生保健功能

动作的健身功能：五禽戏动作简单易学，但每一动作（无论是动态或静态）都有着较强的健身功能。五禽戏强调身体躯干的全方位运动，以腰为轴，带动全身，各种姿势对全身各个关节部位都有良好的锻炼功效。

呼吸调整的健身功能：五禽戏运动重视腹式逆呼吸。腹式逆呼吸细、匀、深长，方法多变，具有以下健身功能。

①加强呼吸功能、有效地促进肺循环，增加血液中的含氧量，促进人体肺功能不断增强。

②增强胃的活动能力，改变腹腔的血液循环。

③增加腹肌和肠肌的收缩力量，通过呼吸过程使肠肌上升与下降，对腹腔等器官起到很好的按摩作用。

④重视自身意识对呼吸的调节，能调节人体的植物神经系统，而植物神经系统作为能调节内脏活动的重要神经结构，可以有效改善人体的内脏活动，提高人体内脏的活动功能。

意念运用的健身功能：五禽戏练习强调练习者在练习过程中对意念的控制，要求练习者必须进入五禽的意境，将自己置身于大自然中，充分表现禽"戏"中的角色，实现与大自然的结合。五禽戏意念假设可以使练习者在功法练习中产生回归自然、返璞归真的感觉，如"虎"的威猛刚劲、"鹿"的轻捷舒展、"熊"的拖踏沉浑、"猿"的机敏灵动、"鸟"的悠然自得等。这种意境能有效地改善和活跃练习者机体各个器官的生理机能，并通过不同意境中意念的张弛交替、刚柔相济和虚实转换，来修养"精""气""神"。

总的来说，"虎戏"养肝，"鹿戏"养肾，"熊戏"养脾，"猿戏"养心，"鸟戏"养肺。

3. 五禽戏的养生保健套路

(1) 预备势

双脚并拢，两手垂于体侧；头颈正直，下颏微收，舌抵上腭，胸腹放松。目视前方。

两脚开立,比肩稍宽;两膝微屈;松静、调息,意守丹田。

屈肘,两臂于体前向上、向前平托,与胸同高;两肘下垂外展,两掌向内翻转按于腹前,目视前方。重复本动作两遍后,两手自然下垂于体侧。

(2) 虎戏

虎举:①双手掌心向下,十指撑开并弯曲成"虎爪"。目视两掌。

②两掌外旋,曲小指,其余四指依次弯曲握拳,拳心相对。两拳向上提至肩,十指撑开,举至头上方再弯曲成虎爪状外旋握拳,拳心相对。目视两掌。

③两拳下拉至肩前,变掌下按,沿体前下落至腹前,十指撑开,掌心向下。目视两掌。

④重复①~③动作三遍后,两手自然下垂于体侧。

虎扑:①双手握空拳,沿体侧上提至肩前上方。

②双手向上、向前划弧,十指撑开并弯曲成"虎爪",掌心向下。上体前俯,挺胸塌腰。目视前方。

③两腿屈膝下蹲,收腹含胸。两手向下画弧至两膝侧,掌心向下。目视前下方。两腿伸膝,送髋,挺腹,后仰。两掌握空拳沿体侧上提至胸侧。目视前上方。

④左腿屈膝提起,双手上举,左脚向前迈步,脚跟着地;右腿屈膝下蹲成左虚步。上体前倾,两拳变"虎爪"向前、向下扑至膝前两侧,掌心向下。目视前下方。上体抬起,左脚收回,开步站立。两手自然下落于体侧。目视前方。

⑤重复①~④动作,唯左右方向相反。

⑥重复①~⑤动作,两掌向身体侧前方举起,与胸同高,掌心向上。目视前方。两臂屈肘,两掌内合下按,自然垂于体侧。目视前方。

(3) 鹿戏

鹿抵:①两腿微屈,重心移于右腿,左脚经右脚内侧向左前方迈步,脚跟着地。身体右转,两掌握空拳右摆,拳心向下,高与肩平。目随手动。

②重心前移,左腿屈膝,脚尖外展踏实,右腿伸直蹬实。身体左转,两拳变掌成"鹿角"向上、向左、向后画弧,掌心向外,指尖朝后,左臂弯曲外展平伸,肘抵靠左腰侧;右臂举至头前,向左后方伸抵。目视右脚跟。身体右转,左脚收回成开步站立。双手向上、向右、向下画弧,两掌变拳回落于体前。目视前下方。③重复①~②动作,唯左右方向相反。④同①~③动作。

鹿奔：①左脚向前跨步，屈膝，右腿伸直。两掌握空拳，向上、向前画弧至体前，与肩同高同宽，拳心向下。目视前方。

②重心后移，左膝伸直，脚掌着地，右腿屈膝。低头，弓背，收腹。两臂内旋，两掌前伸，掌背相对，拳变"鹿角"。

③重心前移，上体抬起，右腿伸直，左腿屈膝。松肩沉肘，两臂外旋，"鹿角"变空拳，高与肩平，拳心向下。目视前方。④左脚收回，开步直立，两拳变掌回落于体侧。目视前方。⑤重复①~④动作，唯左右方向相反。⑥重复①~⑤动作，两掌向身体侧前方举起，与胸同高，掌心向上。目视前方。两臂屈肘，两掌内合下按，自然垂于体侧。目视前方。

（4）熊戏

熊运：①两掌成"熊掌"拳眼相对，垂于下腹部。目视两拳。

②以腰腹为轴，上体做顺时针摇晃。两拳随之沿右肋部、上腹部、左肋部、下腹部划圆。目随体转环视。③同①~②动作。④重复①~④动作，唯左右方向相反。

熊晃：①重心右移，左髋上提，左脚离地，屈左膝。两掌握空拳成"熊掌"。目视左前方。②重心前移，左脚向左前方迈步，全脚掌踏实，脚尖朝前；右腿伸直。身体右转，左臂内旋前靠，左拳摆至左膝前上方，拳心向右；右拳摆至体后，拳心向后。目视左前方。

③身体左转，重心后坐，右腿屈膝，左腿伸直。拧腰晃肩，两臂前后弧形摆动，右拳摆至左膝前上方，拳心向右；左拳摆至体后，拳心向后。目视左前方。

④身体右转，重心前移。左腿屈膝，右腿伸直。左臂内旋前靠，左拳摆至左膝前上方，拳心向左；右拳摆至体后，拳心向后。目视左前方。⑤重复①~④动作，唯左右方向相反。⑥重复①~⑤动作，左脚上步，开步站立。两手自然垂于体侧，两掌向身体侧前方举起，与胸同高，掌心向上。目视前方。屈肘，两掌内合下按，自然垂于体侧。目视前方。

（5）猿戏

猿提：①两掌体前成"猿勾"。②两手上提至胸，两肩上耸，收腹提肛。脚跟提起，头左转。目随头动。

③两肩下沉，头转正，松腹落肛，脚跟着地。"猿勾"变掌，掌心向下。目视前方。④两掌沿体前下按落于体侧。目视前方。⑤重复①~④动作，唯头向右转。

猿摘：①左脚退步，脚尖点地；右腿屈膝，重心落于右腿。左臂屈肘，左掌成"猿勾"收至左腰侧；右掌摆向右前方，掌心向下。

②重心后移，左脚踏实，屈膝下蹲；右脚收至左脚内侧，脚尖点地成

右丁步。右掌向下经腹前向左上方画弧至头左侧，掌心对太阳穴。目先随右掌动，再视右前上方。

③右掌内旋沿体侧下按至左髋侧，掌心向下，目视右掌。右脚向右前方迈步，左腿蹬伸，重心前移，右腿伸直，左脚脚尖点地。右掌经体前向右后上方划弧，举至体侧变"猿勾"，稍高于肩；左掌向前、向上伸举，屈腕撮勾成采摘式，目视左掌。

④重心后移。左掌由"猿勾"变"握固"；右手变掌回落于体前，虎口向前。左腿屈膝下蹲；右脚收至左脚内侧，脚尖点地成右丁步。左臂屈肘收至左耳旁，掌指分开，掌心向上成托桃状；右掌经体前向左画弧至左肘下捧托，目视左掌。

⑤重复①~④动作，唯左右方向相反。

⑥重复①~⑤动作，两脚开立，两手自然垂于体侧，两掌向体侧前方举起，与胸同高，掌心向上。目视前方。屈肘，两掌内合下按自然垂于体侧。目视前方。

（6）鸟戏

鸟伸：①两腿微屈下蹲，两掌在腹前相叠。两掌向上举至头前上方，掌心向下，指尖向前。身体微前倾，提肩，缩项，挺胸，塌腰。目视前下方。

②两腿微屈下蹲，两掌相叠下按至腹前。目视两掌。重心右移，右腿蹬直，左腿伸直向后抬起。同时，两掌左右分开，掌成"鸟翅"向体侧后方摆起，掌心向上。抬头，伸颈，挺胸，塌腰。目视前方。

③左脚回落，两脚开立，两腿微屈半蹲。两掌下落经体侧叠于腹前。目视两掌。

④两腿伸直，两掌上举至头前上方，掌心向下，指尖向前。身体微前倾，提肩，缩项，挺胸，塌腰。目视前下方。⑤重复①~④动作，唯左右方向相反。⑥重复①~⑤动作，左脚下落，开步站立，两手自然垂于体侧。目视前方。

鸟飞：①两腿微屈，两掌成"鸟翅"合于腹前，掌心相对。目视前下方。右腿伸直独立；左腿屈膝提起，小腿自然下垂，脚尖向下。两掌成展翅状在体侧平举向上，稍高于肩，掌心向下。目视前方。

②左脚下落于右脚旁，脚尖着地，两腿微屈。两掌合于腹前，掌心相对。目视前下方。

③右腿伸直独立；左腿屈膝提起，小腿自然下垂，脚尖向下。两掌经体侧向上举至头顶上方，掌背相对，指尖向上。目视前方。

④左脚下落在右脚旁，全脚掌着地，两腿微屈。两掌合于腹前，掌心

相对。目视前下方。

⑤重复①~④动作，唯左右方向相反。

⑥重复①~⑤动作，两掌向身体侧前方举起，与胸同高，掌心向上。目视前方。屈肘，两掌内合下按自然垂于体侧。目视前方。

(7) 收势

①两掌经体侧上举至头顶上方，掌心向下。两掌指尖相对，沿体前缓慢下按至腹前。目视前方。②同①。③两手缓慢在体前画弧，掌心相对，高与脐平。目视前方。④两手在腹前合拢，虎口交叉，叠掌。眼微闭，调整呼吸，意守丹田。⑤数分钟后，两眼慢慢睁开，两手合掌搓热。掌贴面部上下浴面3遍。⑥两掌向后沿头顶、耳后、胸前下落，自然垂于体侧。目视前方。⑦左脚提起向右脚并拢，前脚掌先着地，然后全脚踏实恢复成预备势。目视前方。

四、太极拳

(一) 太极拳概述

太极一词出自《周易》，有至高、至极、绝对、唯一之意。太极拳是中华武术之精髓，又称为面拳、十三势和软手。它集思想、武术、艺术和医学于一体，是民族之瑰宝。它是由明朝河南温县将领陈王廷创立。陈王廷集众多武术之精华，采用吐纳和腹式呼吸的方法，在运动量较大的情况下仍然不气喘。同时结合中医经络理论，将其发展成为集呼吸、意识和动作一体的运动。

太极拳自产生之后就在陈家沟世代传承，自第十四世陈长兴起开始外传，后逐渐衍生出多家流派，常见的太极拳流派有陈、杨、吴、武、孙、赵堡、武当等，各派既有传承关系，又各有特点。太极拳在我国已经广为流传，成为人们强身健体的主要运动方式之一。

(二) 太极拳的养生保健功法研究

1. 太极拳的基本技法分析

头部：在练习太极拳的过程中，头部要保持自然上顶状态。嘴唇自然闭合，舌头轻轻抵上腭。头部随着动作的要求做出相应的协调动作，但不能前后左右摇摆。脸部以自然神态目视前方，呼吸自然。

上肢：太极拳运动中，上肢动作的具体要求为"沉肩垂肘"和"坐腕"。"沉肩垂肘"是指肩要松沉灵活,两肩要保持水平;"坐腕"是指肘关节须保持微屈,即有下垂的意思。两臂要保持弧形,不可过分弯曲与伸直。手掌前推至终点时,腕部要微微下塌、沉实,掌指随之展直。整个上肢动作应做到既有舒松伸展之感,又不能绵软无力。

下肢:太极拳运动十分讲究步法的走势。练习者在练习太极拳时,步法的进退变换和周身的稳定十分重要。练习中应以承受全部或大部分体重的腿为实,另一腿为虚,两腿虚实分明,松胯、屈膝,前进和后退分别是脚跟和脚掌先落地,后慢慢站稳。经过长时间的锻炼,要达到身体轻灵的状态,在这一过程中双腿起到决定性作用。

躯干:太极拳运动中,躯干是运动的轴心所在,因此对胸、背、腰等部位都有具体的要求。首先,练习胸部,要顺其自然地做到含胸拔背。其次,要达到圆背,练习时胸背肌肉放松,并呈弧状。最后,腰部要注意松沉舒展,腰在太极拳运动中也起着很重要的作用,有"腰脊为第一之主宰"的说法,练拳时,应以腰带动臂,使两臂的运动在腰的左右转动下进行。总的来说,应保持上体的正直,不能前俯后仰或左歪右斜,并以腰为轴来带动两臂运动。

2. 太极拳的养生保健功能

提高中枢神经系统功能:中枢神经对身体思维、感觉、意识以及反射都起到决定性作用,是身体重要的组成部分。在进行练习时,心态要平和,意念和动作需要相互协调。这就在很大程度上强化了人体的兴奋程度,提高人体中枢神经系统的紧张度,改善大脑的控制调节能力。同时,通过长时间锻炼可以对身体虚实、阴阳以及进退等自行调节,能够对调节中枢系统发挥重要作用。

实践证明,人们在结束太极拳的练习后,会有一种全身轻松、精神很好的自然状态,同时也提高了身体反应能力。经常性锻炼能够增强神经中枢的协调性和灵活性以及对身体动作的控制能力。

现代社会生活节奏快、竞争压力大,人们长期处于高度兴奋和高度紧张的状态之中,神经系统严重失调。而练习太极拳可以有意识地运用意念调节中枢神经系统兴奋区域转化,诱导植物神经机能提高,促使有机体机能全面、协调运转。另外,太极拳还可以帮助一些慢性病患者摆脱病态心理,从而达到养生目的。

有助于人体的气血运行:养生学认为,"气"乃生命之源,"气为血之师,血为气之母"。气为阳,血为阴,气血阴阳相随、生存相依。练习太极拳有助于人体的气血运行,能有效地改善心血管系统的功能,主要表现在以下两个方面。

首先，太极拳运动重视动作、呼吸的和谐发展，在练习的过程中重视对人体气血运行的调节，可以促进机体的新陈代谢。通过有规律的呼吸使身体循环系统更加顺畅，降低淤血。同时利用腹式呼吸能够促进心脏功能正常运行，强化心肌功能。

其次，太极拳舒缓的动作能够强化肌肉进行有规律的运动，全身气血能够畅通无阻，从而起到预防器官病变的目的。

有助于人体的新陈代谢：太极拳的运动量比较适中，能够加强身体新陈代谢，排出废物增强身体素质。太极拳运动可以使运动者的全身各个器官和肌肉组织都得到锻炼，能在运动过程中刺激机体的脏器进行积极的运动，有利于肠、胃、肝、肾等机能的提高。具体表现为：可增加肠胃的蠕动、增进饮食、减少便秘，促进机体消化和吸收能力的提高；可增强肾上腺素的分泌，改善机体的物质代谢；可强化肝脏的功能；可促进周身血液的循环和增加血液中白蛋白的含量，能有效减少血液中胆固醇的含量和预防动脉硬化。

3. 太极拳的养生保健套路

为了进一步推广和普及太极拳，我国在杨氏太极拳的基础上，简化汇编为二十四式太极拳，套路介绍如下。

太极拳共分为八组：①起势、左右野马分鬃和白鹤亮翅。②左右搂膝拗步、手挥琵琶和左右倒卷肱。③左揽雀尾、右揽雀尾。④单鞭、云手和单鞭。⑤高探马、右蹬脚、双峰贯耳和转身左蹬脚。⑥左下势独立和右下势独立。⑦左右穿梭、海底针和闪通臂。⑧转身搬拦捶，如封似闭、十字手和收势。

现将各组动作介绍如下：

（1）起势、左右野马分鬃和白鹤亮翅

①起势。身体自然站立，双臂自然垂下，目视前方。左脚向左侧迈开，双臂缓慢平举，双腿弯曲蹲下，身体上部保持正直。平视前方。②左右野马分鬃。身体重心移至右腿，身体上部右转，左脚向内转脚尖落地。上身左转，成弓步状。左手和右手随着分开。右手心朝下，视线朝向左手。上身慢慢移至后面，身体重心移至右腿，双手呈抱球状。身体向右转，左右手随之错开，视线朝向右手。以上动作完成后再进行反方向练习。③白鹤亮翅。身体向左转，左手向胸前伸展，右手朝向左上面画线，双手呈抱球状，视线朝向左手。右脚向前跟上，身体重心移至右腿。身体向右转视线朝向右手，然后左转，双手缓慢错开掌心朝下视线向前。

(2) 左右搂膝拗步、手挥琵琶和左右倒卷肱

①左右搂膝拗步。右手从上方举起至耳部，肘部弯曲手心朝上，左手移至胸前。身体上部先向左转然后再右转，视线朝向右手。身体上部向左转呈弓步状，身体重心移至右腿，并呈弯曲状。左手向上移至耳部。右手移至胸前部。视线朝左手。重复以上步骤但要注意方向相反。②手挥琵琶。身体重心移至右腿，右脚向前跟进，左脚向前移动呈虚步，左手移至和鼻部一样高度，手心朝右，右手向里回收，视线朝向左手。③左右倒卷肱。身体向右转，右手从下向上弧线举起，左手掌心朝上面，视线朝向左手。右手向耳侧前方推进，视线朝向左手，右手同样向耳侧前推，左腿后退逐渐全脚落地，身体重心移至左腿，视线朝向右手。

(3) 左揽雀尾和右揽雀尾

①左揽雀尾。身体向右转，右手向上举起，左手放松，视线朝向左手。然后身体再次向右转，左手放松落下，右臂向前弯曲重心移至右腿，视线朝向右手。身体向左转，左脚迈向前面，并呈弓步状。身体再次左转，左手向前伸展，并向上抬起至肩部。身体重心移至右腿，视线朝向右手。右臂弯曲回收，身体再次左转，两手伸出，重心向前移动，并呈弓步状。左手抬起至肩部。双手弯曲向前面伸展，视线向前。②右揽雀尾。身体向右转，重心移至右腿，右手向上抬起至左肋前，左臂微弯曲，双手抱球状，身体重心再次移至左腿，右脚转向内侧，视线朝向左手。完成这些动作后，其他动作和左揽雀尾相同，只是方向相反。

(4) 单鞭、云手和单鞭

①单鞭。身体重心移至左脚，上身向左转，双手举起至身体两侧，视线朝向左手。然后身体右转，重心移至右腿，右手抬起至肩部相平。左手也抬起至肩部。视线朝向左手。身体上部向左转双脚呈弓步状，重心移向左腿，左手向前推出，并与眼睛平齐，视线朝向右手。②云手。身体重心移至右腿，并向右转，左手抬起至肩部，右手松开为掌，视线朝向左手。身体重心向左移，上身向左转，左手向左边移动，右手从下往上移至肩部，右脚向左迈开一小步，视线朝向右手。身体上部向右转，并抬起至肩部，右手向右变移动，左腿向左侧迈出一步，视线朝向左手。③单鞭。身体上部向右转，右手向左转并成为勾手，左手移至肩部，重心移至右腿，视线朝向右手。身体上部向左转，双脚迈出呈弓步状，重心移到左腿，身体再次向左转，左后缓慢变成掌呈单鞭。

(5) 高探马、右蹬脚、双峰贯耳和转身左蹬脚

①高探马。身体重心移到右腿，右脚向前移动半步，然后身体向右转，左脚逐渐离开地面，视线朝向前面，身体上部向左转，视线朝向前

方。左手回收到腰部，左脚向前移动成虚步，视线朝向右手。②右蹬脚。左手向前伸展，双手交叉后向两边画弧线，左脚向前抬起，身体中心向前移，右腿呈弓步状，视线向前。双手交叉状。左脚向右靠近视线向前方。双手平举，右腿弯曲右腿右前面蹬出，视线朝向右手。③双峰贯耳。回收右腿，左手向前落到身体前面，双手向前画弧后落到右膝两边，视线朝向前方。身体重心向前移动并呈弓步状，双手垂下呈并握拳，两圈相对于耳朵相齐，视线朝向右手。④转身左蹬脚。身体重心移到左腿，并向左转。双拳向左右伸开并逐渐变成掌，视线朝向左手。

此外，还有左下势独立和右下势独立、左右穿梭、海底针和闪通臂、转身搬拦捶，如封似闭、十字手和收势等动作，不再一一介绍。

受写作篇幅的限制，"传统体育养生保健方法"以文字表述为主。在当今高科技发展的年代，大家可以以此为信息，参考网络视频，必要时可以请专业教师习练。

除了传统体育养生保健方法之外，大家也可以探讨新兴体育项目或外来引进的体育项目作为养生保健方法，如台球、门球、保龄球等，这些项目可以自控练习的强度、练习的运动量和练习的时间等。这些项目有它的趣味性、娱乐性，还可以交流体验，相互切磋技艺，增加社交活动。

参考文献

[1] 唐健,刘强辉. 大学体育理论与方法教程[M]. 南京:东南大学出版社,2008.

[2] 王旭东. 体育健身原理与方法[M]. 北京:北京体育大学出版社,2008.

[3] 顾丽燕. 运动医务监督[M]. 北京:北京体育大学出版社,2009.

[4] 杨静宜,徐俊华. 运动处方[M]. 北京:高等教育出版社,2005.

[5] 刘守燕. 体育与健康[M]. 北京:科学出版社,2005.

[6] 杨文轩. 当代大学体育[M]. 北京:人民体育出版社,2005.

[7] 任恩忠. 大学体育教程[M]. 北京:北京体育大学出版社,2005.

[8] 姚鸿恩,黄叔怀. 体育保健学高级教程[M]. 桂林:广西师范大学出版,2006.

[9] 杨秀琴. 大学生健康教育指南[M]. 北京:高等教育出版社,2004.

[10] 曲绵域,于长隆. 实用运动医学[M]. 北京:北京大学医学出版社,2003.

[11] 陈佩杰. 体适能评定理论与方法[M]. 哈尔滨:黑龙江科技出版社,2005.

[12] 蔡仲林,周之华. 武术[M]. 北京:高等教育出版社,2008.

[13] 于志钧. 中国传统武术史[M]. 北京:人民大学出版社,2006.

[14] 吴志勇. 健身武术[M]. 武汉:湖北科学技术出版社,2007.

[15] 张谦. 世界音乐文化教程[M]. 北京:中国传媒大学出版社,2007.

[16] 李德祥. 中华武术[M]. 上海:上海交通大学出版社,2006.

[17] 邱丕相. 中国传统体育养生学[M]. 北京:人民体育出版

社，2009.

[18] 殷剑巍. 网球技战术教程［M］. 合肥：安徽科学技术出版社，2008.

[19] 李国东. 网球健身法［M］. 北京：北京体育大学出版社，2004.

[20] 虞力宏. 网球［M］. 北京：高等教育出版社，2004.

[21] 赵青，孙平，刘立君. 软式排球［M］. 北京：北京体育大学出版社，2009.

[22] 陈雪红，周兴富. 球类运动教学与训练［M］. 哈尔滨：哈尔滨地图出版社，2007.

[22] 周建林. 球类运动体育教程［M］. 南京：南京师范大学出版社，2005.

[23] 孙麒麟. 体育实践教程［M］. 大连：大连理工大学出版社，2002.

[24] 邓树勋等. 现代大学体育理论教程［M］. 广州：广东高等教育出版社，2006.

[25] 虞定海. 中国传统保健体育［M］. 上海：上海科学技术出版社，2009.

[26] 邓树勋. 大学体育［M］. 广州：中山大学出版社，2003.

[27] 季成叶. 体质自我评价和运动健康处方［M］. 北京：北京体育大学出版社，2002.

[28] 陈吉隶. 运动营养学［M］. 北京：北京医科大学出版社，2002.

[29] 孙洪涛. 体育教程［M］. 长沙：湖南师范大学出版社，2006.

[30] 凌月红. 体育健康教育与运动处方［M］. 北京：北京体育大学出版社，2005.